Mon
potager
d'appartement

Mon potager d'appartement

Cultiver toute l'année à la maison
vos herbes aromatiques, fruits et légumes

ZIA ALLAWAY

LAROUSSE

ÉDITION ORIGINALE

Indoor Edible Garden

Copyright © 2017 Dorling Kindersley Limited
80 Strand, Londres WC2R ORL Royaume-Uni
A Penguin Random House Company

ÉDITION FRANÇAISE

Traduction et adaptation
Valérie Garnaud et **Odile Koenig**

Direction de la publication
Isabelle Jeuge-Maynart et **Ghislaine Stora**

Direction éditoriale
Catherine Delprat

Coordination éditoriale
Agnès Dumoussaud, assistée de **Maud Rogers**

Réalisation
Nord Compo, Villeneuve d'Ascq

Couverture
Véronique Laporte

Fabrication
Donia Faiz

© Larousse 2017
ISBN 978-2-03-592705-7
Dépôt légal : septembre 2017

Achevé d'imprimer chez Hung Hing Offset Printing Co, Chine
319608/01 - 11035329 mai 2017

A WORLD OF IDEAS : SEE ALL THERE IS TO KNOW
www.dk.com

Sommaire

Faites un essai

Avant de démarrer une culture, achetez le produit concerné pour vous assurer que vous n'y êtes pas allergique ou, tout simplement, qu'il vous plaît. Si vous êtes enceinte ou souffrez d'une pathologie, contactez votre médecin traitant avant de manger une nouvelle herbe ou un nouveau fruit.

Suite

3

4

5

6

Introduction

Que vous viviez en **appartement** ou désiriez juste essayer quelques cultures gélives, ce livre vous explique **comment créer un jardin productif chez vous**. La plupart des projets sont facilement réalisables, même sans grande expérience, et vous permettront de savourer vos propres produits fraîchement cueillis.

Rien n'égale la saveur d'une tomate ou d'une laitue fraîchement récoltée et vous pouvez tout à fait profiter de ces petits plaisirs en cultivant quelques plantes potagères ou fruitières à la maison. Ce livre réunit de nombreux projets dont vous pouvez vous inspirer pour cultiver, par exemple, des fines herbes sur un appui de fenêtre ou des aubergines dans une salle à manger ensoleillée. Le niveau de difficulté mentionné pour chacun d'entre eux vous aidera à choisir les projets les plus appropriés à votre situation. Vous trouverez aussi tous les conseils de culture nécessaires à la réussite de vos plantations.

Toutefois, n'oubliez pas que, contrairement à d'autres activités d'intérieur, comme la peinture ou la cuisine, le jardinage implique un entretien. Évaluez le temps que vous pensez pouvoir consacrer à vos plantes. Si vous êtes très occupé, choisissez des cultures peu exigeantes en arrosage et fertilisation, comme les herbes ou les fleurs comestibles. Vous découvrirez quelles sont les plantes qui se plaisent le plus chez vous. Outre les classiques salades, tomates et fraises, laissez-vous tenter par des cultures plus exotiques, comme le coqueret du Pérou ou des agrumes.

Les scientifiques ont démontré que le jardinage était bon pour la santé du corps et de l'esprit, qu'il soit pratiqué à l'extérieur ou à l'intérieur. Même si vous ne vous dépensez pas physiquement à bêcher des plates-bandes, vous sentirez les bienfaits de voir une petite graine se transformer en une grande plante, qui, à son tour, donnera de beaux fruits colorés. Produire ses propres fruits et légumes est l'une des meilleures solutions pour lutter contre le stress lié à nos modes de vie. Vous n'avez plus qu'une chose à faire, tourner la page et commencer votre jardin d'intérieur !

Lia Allaway

Planifier vos cultures d'intérieur

Découvrez de quel espace et de quelle quantité de lumière vous avez besoin pour créer un mini-jardin productif chez vous et explorez la gamme de contenants pouvant être utilisés pour accueillir vos plantations.

Où installer vos cultures

Tant que vos pièces sont éclairées par la **lumière naturelle**, vous pouvez y cultiver des plantes comestibles. L'idéal est de les installer sur un **appui de fenêtre**, sous une **fenêtre de toit** ou dans une **pièce ensoleillée**. Avec des **lampes de culture**, vous pouvez même les faire pousser dans une **pièce sombre**.

Zones vivement éclairées

Les pièces au sud et les espaces éclairés par de grandes baies à l'ouest ou à l'est, ou par des fenêtres de toit, conviennent à un grand nombre de plantes. Elles offrent un maximum de lumière naturelle durant la journée, surtout au printemps et en été.

Zone 1 — FENÊTRES AU SUD

Zone 2 — AUTRES FENÊTRES

Zone 3 — SOUS UNE FENÊTRE DE TOIT

Zones partiellement éclairées

Pour les pièces à l'est ou à l'ouest, choisissez des plantes comme les laitues, qui tolèrent la mi-ombre. Même placées sur un appui de fenêtre, les plantes à fruits risquent d'être moins productives. Pour les pièces au nord, installez des lampes de culture.

Zone 4 — MURS

Zone 5 — COINS SOMBRES

Zone 6 — CENTRE D'UNE PIÈCE

Zones fraîches

Appuis de fenêtre extérieurs et pièces non chauffées sont précieux pour les arbres fruitiers qui ont besoin d'une période de froid en hiver et pour les plantes pollinisées par les insectes.

Zone 7 — PIÈCE NON CHAUFFÉE AU SUD

Zone 8 — APPUI DE FENÊTRE EXTÉRIEUR

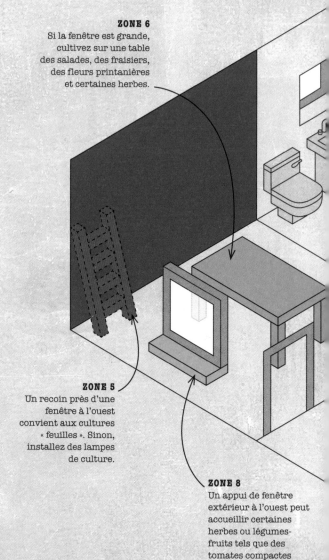

ZONE 6
Si la fenêtre est grande, cultivez sur une table des salades, des fraisiers, des fleurs printanières et certaines herbes.

ZONE 5
Un recoin près d'une fenêtre à l'ouest convient aux cultures « feuilles ». Sinon, installez des lampes de culture.

ZONE 8
Un appui de fenêtre extérieur à l'ouest peut accueillir certaines herbes ou légumes-fruits tels que des tomates compactes ou fraisiers.

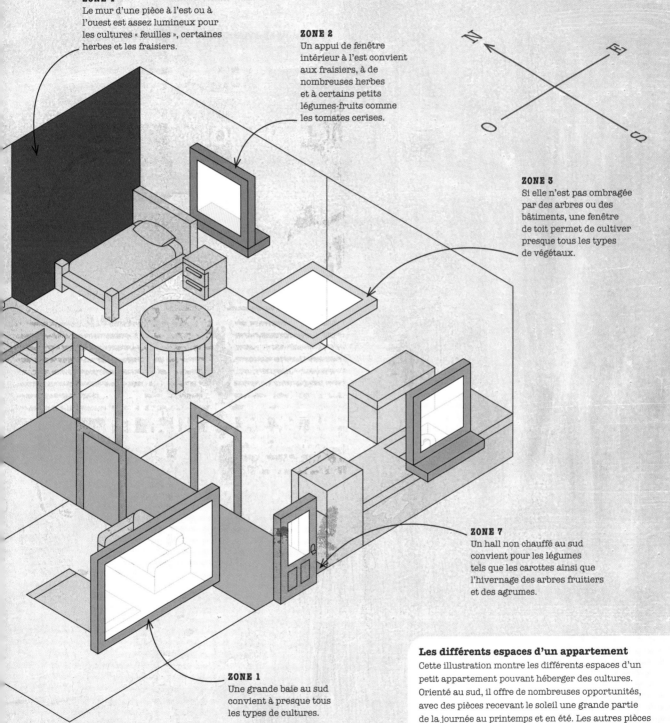

ZONE 4
Le mur d'une pièce à l'est ou à l'ouest est assez lumineux pour les cultures « feuilles », certaines herbes et les fraisiers.

ZONE 2
Un appui de fenêtre intérieur à l'est convient aux fraisiers, à de nombreuses herbes et à certains petits légumes-fruits comme les tomates cerises.

ZONE 3
Si elle n'est pas ombragée par des arbres ou des bâtiments, une fenêtre de toit permet de cultiver presque tous les types de végétaux.

ZONE 7
Un hall non chauffé au sud convient pour les légumes tels que les carottes ainsi que l'hivernage des arbres fruitiers et des agrumes.

ZONE 1
Une grande baie au sud convient à presque tous les types de cultures.

Les différents espaces d'un appartement
Cette illustration montre les différents espaces d'un petit appartement pouvant héberger des cultures. Orienté au sud, il offre de nombreuses opportunités, avec des pièces recevant le soleil une grande partie de la journée au printemps et en été. Les autres pièces conviennent aux cultures moins exigeantes en lumière.

Zones **les mieux éclairées**

Observez votre logement le jour afin de localiser les **zones les plus lumineuses**. Les pièces recevant le soleil direct **plus de six heures** par jour sont idéales pour la plupart des **plantes fruitières** et **aromatiques**, ainsi que les **légumes-fruits** tels que les tomates, aubergines et poivrons.

Zone 1 — **Fenêtres au sud**

La plupart des aromatiques et des plantes produisant des fruits ou des fleurs se plaisent près d'une fenêtre au sud. Ces zones reçoivent la lumière une grande partie de la journée en été, quand les espèces fruitières ont justement besoin de soleil pour faire mûrir leurs fruits.

CHOIX DE PLANTES

- Herbes (la plupart), p. 32-75
- Fleurs comestibles (estivales), p. 32-75
- Légumes-fruits, p. 122-163
- Fruits (sauf fraisier des bois), p. 164-195

Zone 2 — **Fenêtres à l'est et à l'ouest**

Bien que moins ensoleillées, ces fenêtres offrent de longues heures de lumière vive au printemps et en été, au moment du pic de croissance des plantes. Cela peut suffire pour faire mûrir les fruits. Pour maximiser leur exposition au soleil, laissez rideaux et stores ouverts.

CHOIX DE PLANTES

- Herbes (la plupart), p. 32-75
- Fleurs comestibles, p. 32-75
- Pousses, feuilles et racines, p. 76-121
- Légumes-fruits, p. 122-163
- Fruits, p. 164-195

Zone 3 — **Sous une fenêtre de toit**

L'éclairement vif et uniforme dispensé par une fenêtre de toit est très favorable à la croissance. Avec une autre fenêtre, la pièce sera idéale pour les plantes aimant le soleil comme les fruits et légumes-fruits. En revanche, elle risque d'être trop chaude pour les légumes-feuilles.

CHOIX DE PLANTES

- Herbes, p. 32-75
- Fleurs comestibles, p. 32-75
- Pousses, feuilles et racines (si la pièce n'est pas trop chaude), p. 76-121
- Légumes-fruits, p. 122-163
- Fruits (sauf fraisier des bois), p. 164-195

Mélange méditerranéen, p. 132-133

Orangers en pots, p. 180-181

Cucamelons en caisses, p. 156-157

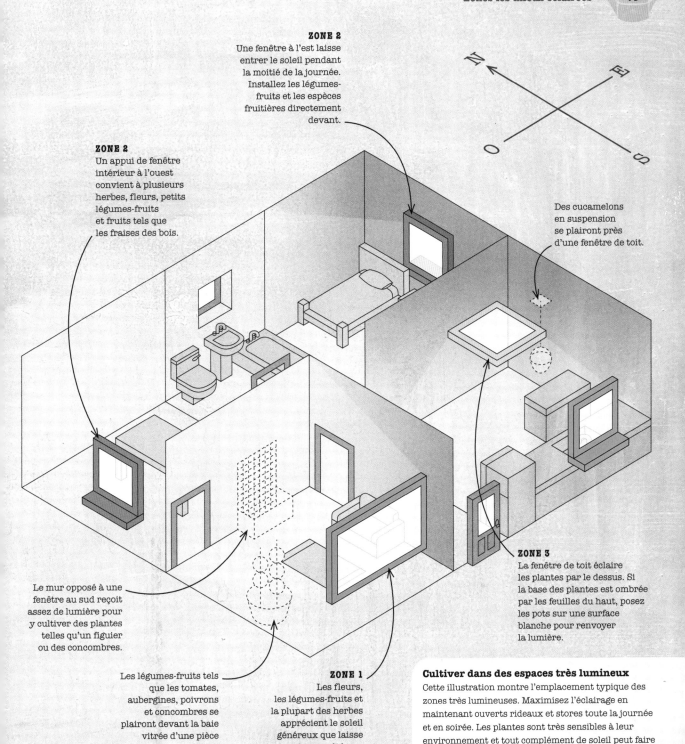

ZONE 2
Une fenêtre à l'est laisse entrer le soleil pendant la moitié de la journée. Installez les légumes-fruits et les espèces fruitières directement devant.

ZONE 2
Un appui de fenêtre intérieur à l'ouest convient à plusieurs herbes, fleurs, petits légumes-fruits et fruits tels que les fraises des bois.

Des cucamelons en suspension se plairont près d'une fenêtre de toit.

Le mur opposé à une fenêtre au sud reçoit assez de lumière pour y cultiver des plantes telles qu'un figuier ou des concombres.

Les légumes-fruits tels que les tomates, aubergines, poivrons et concombres se plairont devant la baie vitrée d'une pièce au sud.

ZONE 1
Les fleurs, les légumes-fruits et la plupart des herbes apprécient le soleil généreux que laisse entrer en été une fenêtre orientée au sud.

ZONE 3
La fenêtre de toit éclaire les plantes par le dessus. Si la base des plantes est ombrée par les feuilles du haut, posez les pots sur une surface blanche pour renvoyer la lumière.

Cultiver dans des espaces très lumineux
Cette illustration montre l'emplacement typique des zones très lumineuses. Maximisez l'éclairage en maintenant ouverts rideaux et stores toute la journée et en soirée. Les plantes sont très sensibles à leur environnement et tout complément de soleil peut faire la différence entre une bonne et une mauvaise récolte.

Zones **partiellement éclairées**

Les zones qui reçoivent le **soleil** seulement **une partie de la journée** et les **endroits peu éclairés** peuvent convenir à certaines plantes comestibles. Utilisez des **miroirs** pour éclairer les coins sombres, installez des **lampes de culture** qui simulent la lumière du soleil ou **choisissez des plantes** s'accommodant de la **mi-ombre**.

Zone 4 — Murs

Le choix des plantes dépend de l'orientation du mur et de sa proximité avec la source de lumière. Les murs au sud sont classés en zone 1, mais ceux à l'est ou à l'ouest, recevant juste quelques heures de soleil, et ceux au nord offrent moins de possibilités.

CHOIX DE PLANTES

- Herbes telles que menthe, p. 66, et persil, p. 72
- Graines germées, p. 80-83
- Salades, p. 96-97
- Petits légumes-racines tels que radis, p. 110-111
- Fraisiers des bois, p. 168-171

Zone 5 — Coins sombres

Seuls les champignons arrivent à pousser dans des coins sombres, mais vous pouvez installer une ou deux lampes de culture pour élargir les possibilités. Choisissez des plantes de faible hauteur telles que salades, herbes et tomates cerises, plus adaptées à la culture sous lampe.

CHOIX DE PLANTES

- Herbes et fleurs comestibles, p. 32-75
- Jeunes pousses, p. 88-89
- Champignons, p. 118-121
- Salades, p. 96-97
- Tomates cerises, p. 138-141
- Piments, p. 130-131
- Poivrons, p. 162-163

Zone 6 — Centre d'une pièce

Partiellement ensoleillé, le centre d'une pièce éclairée par une grande baie à l'est ou à l'ouest convient à des salades, graines germées et légumes-racines. (Le centre d'une petite pièce au sud est en zone 1 ; le centre d'une pièce au nord est trop sombre pour la plupart des cultures.)

CHOIX DE PLANTES

- Herbes telles que menthe, p. 66, et persil, p. 72
- Fleurs printanières, p. 56-57
- Orchidées, p. 52-55
- Pousses, feuilles et certaines racines, p. 76-117
- Fraisiers des bois, p. 168-171

Fraisiers des bois, p. 168-171

Salades, p. 90-95

Salades asiatiques, p. 98-101

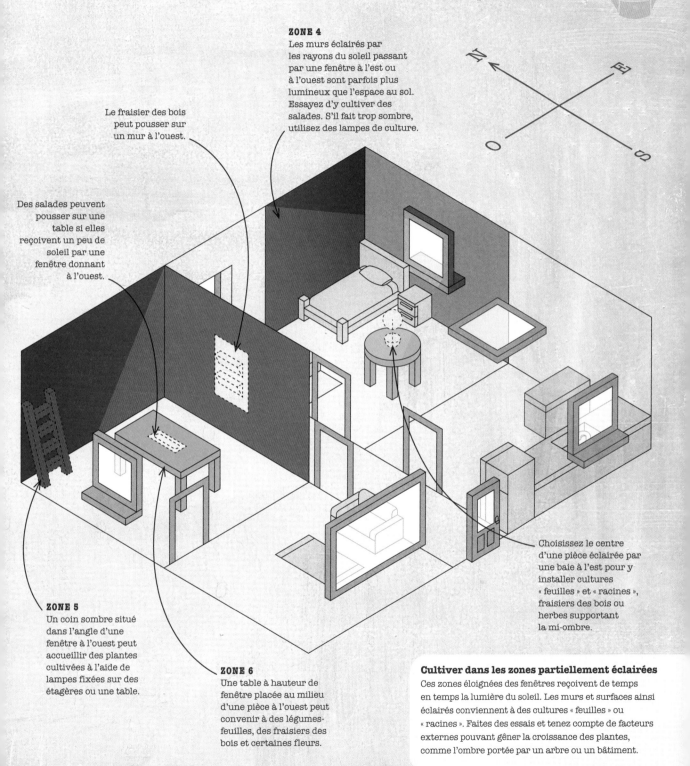

ZONE 4
Les murs éclairés par
les rayons du soleil passant
par une fenêtre à l'est ou
à l'ouest sont parfois plus
lumineux que l'espace au sol.
Essayez d'y cultiver des
salades. S'il fait trop sombre,
utilisez des lampes de culture.

Le fraisier des bois
peut pousser sur
un mur à l'ouest.

Des salades peuvent
pousser sur une
table si elles
reçoivent un peu de
soleil par une
fenêtre donnant
à l'ouest.

Choisissez le centre
d'une pièce éclairée par
une baie à l'est pour y
installer cultures
« feuilles » et « racines »,
fraisiers des bois ou
herbes supportant
la mi-ombre.

ZONE 5
Un coin sombre situé
dans l'angle d'une
fenêtre à l'ouest peut
accueillir des plantes
cultivées à l'aide de
lampes fixées sur des
étagères ou une table.

ZONE 6
Une table à hauteur de
fenêtre placée au milieu
d'une pièce à l'ouest peut
convenir à des légumes-
feuilles, des fraisiers des
bois et certaines fleurs.

Cultiver dans les zones partiellement éclairées
Ces zones éloignées des fenêtres reçoivent de temps
en temps la lumière du soleil. Les murs et surfaces ainsi
éclairés conviennent à des cultures « feuilles » ou
« racines ». Faites des essais et tenez compte de facteurs
externes pouvant gêner la croissance des plantes,
comme l'ombre portée par un arbre ou un bâtiment.

Zones **fraîches**

Certaines plantes habituellement **pollinisées** par les insectes sont plus faciles à cultiver sur un **appui de fenêtre extérieur** où les abeilles peuvent venir butiner les fleurs. C'est aussi le cas des plantes qui ont besoin d'une **période de froid** en hiver pour produire des **fruits l'été suivant**.

Zone 7 — Pièce fraîche (non chauffée) au sud

Les plantes comme les fraisiers, certaines herbes, les légumes-feuilles et les légumes-racines peuvent y être cultivées toute l'année. La plupart des arbres fruitiers ont besoin d'hiverner pour produire des fruits l'été suivant ; transférez-les dans une pièce fraîche en automne pour mettre toutes les chances de votre côté.

CHOIX DE PLANTES

- Herbes (la plupart), p. 32-75
- Cultures « feuilles », p. 76-105
- Légumes-racines, p. 106-117
- Fruits (hivernage), p. 164-195

Zone 8 — Appui de fenêtre extérieur

La présence d'un espace extérieur, comme un appui de fenêtre, est précieuse, car les plantes pollinisées par les insectes y seront plus productives. La bonne circulation de l'air prévient aussi certaines maladies. Ne sortez pas les plantes gélives comme les tomates ou les poivrons avant les dernières gelées de printemps.

CHOIX DE PLANTES

- Herbes et fleurs (la plupart), p. 32-75
- Cultures « feuilles », p. 76-105
- Tomates cerises, p. 142-143
- Piments, p. 130-131
- Poivrons, p. 162-163
- Cucamelons, p. 156-159
- Fraisiers, p. 172-173

Carottes, p. 112-115

Herbes et géranium odorant, p. 42-45

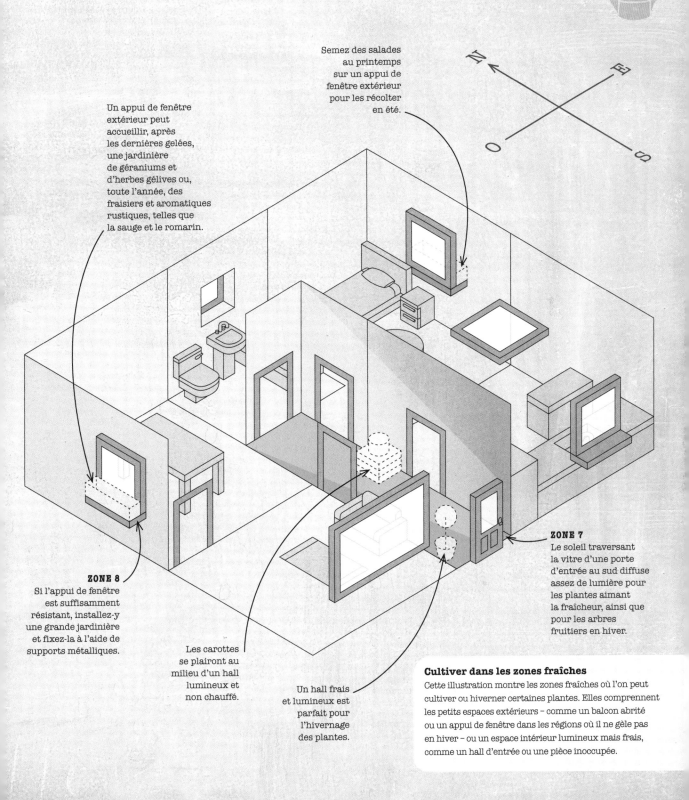

Semez des salades au printemps sur un appui de fenêtre extérieur pour les récolter en été.

Un appui de fenêtre extérieur peut accueillir, après les dernières gelées, une jardinière de géraniums et d'herbes gélives ou, toute l'année, des fraisiers et aromatiques rustiques, telles que la sauge et le romarin.

N

E

O

S

ZONE 8
Si l'appui de fenêtre est suffisamment résistant, installez-y une grande jardinière et fixez-la à l'aide de supports métalliques.

Les carottes se plairont au milieu d'un hall lumineux et non chauffé.

Un hall frais et lumineux est parfait pour l'hivernage des plantes.

ZONE 7
Le soleil traversant la vitre d'une porte d'entrée au sud diffuse assez de lumière pour les plantes aimant la fraîcheur, ainsi que pour les arbres fruitiers en hiver.

Cultiver dans les zones fraîches

Cette illustration montre les zones fraîches où l'on peut cultiver ou hiverner certaines plantes. Elles comprennent les petits espaces extérieurs – comme un balcon abrité ou un appui de fenêtre dans les régions où il ne gèle pas en hiver – ou un espace intérieur lumineux mais frais, comme un hall d'entrée ou une pièce inoccupée.

Les **meilleures** plantes comestibles d'intérieur

Les plantes citées ci-dessous sont **parfaitement adaptées** à la **culture en pots** à l'intérieur et la plupart sont **faciles à cultiver**. Reportez-vous aux projets individuels et aux fiches des plantes pour connaître leurs exigences de culture.

Herbes et fleurs comestibles

Faciles à cultiver à l'intérieur, la plupart des herbes et fleurs ne demandent qu'un appui de fenêtre ensoleillé et chaud. Les menthes, tulipes et orchidées préfèrent une lumière vive sans soleil direct. Pour plus de détails, voir p. 32-75.

Basilic
Herbe annuelle donnant des feuilles aromatiques du printemps à l'automne.
Zones : 1, 2, 3

Ciboulette
Feuilles à la saveur douce et alliacée de la mi-printemps à l'automne. Le feuillage disparaît en hiver et ressort le printemps suivant.
Zones : 1, 2, 3, 7, 8

Citronnelle
Cultivez cette graminée dans un grand pot, dans une pièce ensoleillée. Récoltez les tiges au goût citronné de juin à septembre.
Zones : 1, 2, 3

Menthe
Herbe caduque aux tiges robustes produisant des feuilles au goût rafraîchissant du printemps à l'automne ; disparaît en hiver.
Zones : 2, 3, 6, 7, 8

Origan
Herbe caduque compacte au feuillage vert, jaune ou panaché, disparaissant en hiver. Les feuilles se récoltent du printemps à l'automne.
Zones : 1, 2, 3, 7, 8

Persil
Les persils plat et frisé poussent bien en pot dans une pièce ensoleillée. Les feuilles se récoltent du printemps à la fin de l'automne.
Zones : 1, 2, 3, 7, 8

Romarin
Arbrisseau au feuillage aromatique. Les petites feuilles étroites sont persistantes mais se récoltent de préférence de mars à novembre.
Zones : 1, 2, 3, 7, 8

Sauge
Sous-arbrisseau persistant. Donne chaque année de nouvelles feuilles vertes, pourpres ou panachées, à récolter d'avril à octobre.
Zones : 1, 2, 3, 7, 8

Thym
Sous-arbrisseau au port arrondi et aux petites feuilles persistantes. Récoltez les feuilles de mars à novembre et laissez la plante se reposer en hiver.
Zones : 1, 2, 3, 7, 8

Dendrobium
Les fleurs au parfum mêlé de concombre et de chou font de belles décorations de gâteaux.
Zones : 2, 3, 6, 7

Géranium odorant
Facile à cultiver sur un appui de fenêtre ensoleillé. Feuilles et fleurs se mangent.
Zones : 1, 2, 3, 7, 8

Souci
Ces fleurs jaunes ou orange à la saveur poivrée s'épanouiront tout l'été si vous les installez dans un endroit ensoleillé.
Zones : 1, 2, 3, 7, 8

Tulipe
Achetez des plantes prêtes à fleurir au printemps (c'est la seule option pour l'intérieur).
Zones : 2, 6, 7, 8

Viola
Faciles à cultiver en pot, ces petites fleurs sont disponibles fleuries toute l'année.
Zones : 1, 2, 3, 4, 7, 8

Zones de culture Pour les détails, voir p .16-23.	**Zone 1** FENÊTRES AU SUD	**Zone 2** AUTRES FENÊTRES	**Zone 3** SOUS UNE FENÊTRE DE TOIT	**Zone 4** MURS	**Zone 5** COINS SOMBRES	**Zone 6** CENTRE D'UNE PIÈCE	**Zone 7** PIÈCE FRAÎCHE AU SUD	**Zone 8** APPUI DE FENÊTRE EXTÉRIEUR

Pousses, feuilles et racines

Vous pouvez cultiver chez vous de jeunes pousses ainsi qu'une sélection de plantes-racinés et de plantes-feuilles. La plupart n'ont pas besoin d'une lumière très vive (contrairement aux fruits). Pour plus de détails, voir p. 76-121.

Betterave
Semez la betterave au printemps. Vous récolterez les racines en été et automne.
Zones : 2, 6, 7, 8

Carotte
Il existe des variétés longues et courtes à cultiver en pot. Semez au printemps et en été pour faire deux récoltes plus tard en saison.
Zones : 2, 6, 7, 8

Champignon
Essayez divers champignons. Ils se cultivent facilement à partir de kits, toute l'année. Beaucoup se récoltent déjà après deux semaines.
Zones : 2, 4, 5, 6, 7

Graines germées
Nutritives, les graines germées se cultivent en bocal dans un endroit lumineux tel qu'un appui de fenêtre ou un comptoir de cuisine.
Zones : 2, 3, 4

Jeunes pousses
Une des cultures les plus faciles pour l'intérieur. Les jeunes pousses peuvent être cultivées toute l'année et offrent un large choix de couleurs et de saveurs.
Zones : 1, 2, 3, 4, 5, 7

Laitue
Les laitues à feuilles vertes ou rouges peuvent être cultivées presque toute l'année dans une pièce lumineuse, à l'abri du soleil direct ou sous une lumière artificielle.
Zones : 2, 4, 5, 6, 7, 8

Mizuna et mibuna
Ces salades asiatiques au goût épicé se mangent crues ou poêlées. Ressemées chaque année, elles se cultivent comme les salades ordinaires.
Zones : 2, 4, 5, 6, 7, 8

Oignon vert
Les tiges à la saveur douce ne prennent pas beaucoup de place à l'intérieur. Il leur faut de la lumière, mais aussi de la fraîcheur.
Zones : 1, 2, 3, 5, 7

Pak-choï
Ces feuilles au goût de moutarde se mangent comme des jeunes pousses ou à un stade plus avancé. La récolte s'étale de l'été à l'automne.
Zones : 2, 4, 5, 6, 7, 8

Pousses d'ail
La plante ne forme pas de bulbes à l'intérieur, mais vous pouvez récolter les feuilles qu'elle produira les premières semaines.
Zones : 1, 2, 3, 7

Radis
Les radis ont une culture courte. Semez-les en pot tous les mois pour étaler la récolte de juin à octobre. Le gros radis noir d'hiver peut être semé en automne.
Zones : 2, 3, 5, 6, 7, 8

Suite »

Légumes-fruits

Les légumes-fruits apporteront de la couleur à votre mini-jardin productif. Les piments, poivrons et tomates cerises s'accommodent d'un appui de fenêtre. Les autres plantes plus grandes demandent davantage de place. Toutes exigent de la lumière et de la chaleur pour produire des fruits savoureux. Pour plus de détails, voir p. 122-163.

Aubergine

Les plantes peuvent atteindre 1 m de haut. Mettez-les près d'une fenêtre ensoleillée si vous voulez une bonne récolte de fruits allongés pourpres ou blancs.
Zones : 1, 2, 3

Concombre

Cette plante grimpante exige une grande pièce très ensoleillée. Cela vaut la peine de la cultiver, car vous serez récompensé par des fruits bien plus savoureux que ceux du commerce.
Zones : 1, 2, 3

Cucamelon

Cultivez cette plante aux tiges rampantes dans un panier suspendu dans une pièce ensoleillée. Ses fruits, semblables à de petites pastèques, ont un goût de concombre et de citron.
Zones : 1, 2, 3, 8

Piment

Ces plantes ligneuses compactes vivent plusieurs années. Elles produisent des petites fleurs blanches décoratives, suivies de fruits colorés de l'été au début de l'automne.
Zones : 1, 2, 3, 8

Poivron

Ces plantes compactes produisent en fin d'été ou début d'automne de gros fruits verts, jaunes, rouges ou pourpres, à la saveur bien plus douce que celle des piments.
Zones : 1, 2, 3

Tamarillo

Si vous avez une grande pièce ensoleillée pour installer cette plante aux larges feuilles, vous récolterez de beaux fruits jaunes ou rouges au parfum mêlant tomate et kiwi.
Zones : 1, 2, 3

Tomate

Pour l'été et le début de l'automne, cultivez des tomates cerises sur un appui de fenêtre ou dans un panier suspendu, ou encore des tomates à gros fruits à l'aide d'un tuteur.
Zones : 1, 2, 3, 8

Fruits

Les plantes fruitières méditerranéennes et tropicales se plairont dans un environnement approprié, tel qu'une pièce ensoleillée en été, mais fraîche en hiver. Pour plus de détails, voir p. 164-195.

Calamondin

Cultivé sous la lumière vive, cet oranger miniature donne de mars à juin de petits fruits acidulés parfaits pour les marmelades. Faites hiverner les plantes dans une pièce lumineuse mais fraîche en hiver.
Zones : 1, 2, 3, 7

Citronnier

Ces belles plantes exigent beaucoup de lumière pour assurer le développement et la bonne maturation des fruits, ainsi qu'un hivernage dans une pièce fraîche mais lumineuse.
Zones : 1, 2, 3, 7

Coqueret du Pérou

Ces arbustes produisent des petites fleurs blanches, suivies en fin d'été par des baies jaunes ou orange de la taille d'une cerise, enfermées dans un calice membraneux.
Zones : 1, 2, 3

Figuier

Installez un figuier en pot dans une pièce exposée au soleil direct et il vous donnera des figues chaque année, de l'été au début de l'automne. Il lui faut de la fraîcheur en hiver.

Zones : 1, 2, 3, 6, 7

Fraisier

Le fraisier des bois produit de petits fruits de mai à septembre. Le fraisier à gros fruits donne une récolte en mai-juin puis, pour certaines variétés, une autre en septembre-octobre. Ces derniers demandent du soleil pour fructifier, tandis que le fraisier des bois peut se contenter d'une lumière indirecte.

Zones : 1, 2, 3, 4, 6, 7, 8

Goyave-ananas

Les petits fruits sucrés au goût d'ananas de cet arbuste tropical à feuillage persistant apparaissent en fin d'été ou en automne. Les fleurs sont également comestibles. La plante demande du soleil et de la chaleur en été, mais de la fraîcheur en hiver.

Zones : 1, 2, 3, 7

Kumquat

Plante haute au port gracieux, le kumquat produit des fruits à la peau comestible du printemps à l'été. Il lui faut une pièce fraîche l'hiver pour qu'il fructifie l'année suivante.

Zones : 1, 2, 3, 7

Limettier

Proche du citronnier, le limettier requiert un emplacement chaud et ensoleillé de mars à novembre. Faites-le hiverner dans une pièce fraîche et lumineuse. Le combava diffère légèrement des autres agrumes avec ses grandes feuilles divisées et ses fruits verts bosselés.

Zones : 1, 2, 3, 7

Mandarinier

Cette variété d'oranger demande de la chaleur et du soleil de la fin du printemps à l'automne, quand les fruits commencent à se développer, et de la fraîcheur l'hiver.

Zones : 1, 2, 3, 7

Nectarinier

Proche parent du pêcher, le nectarinier produit également des fruits juteux en été. Pour le faire fructifier à l'intérieur, vous devrez polliniser les fleurs à la main.

Zones : 1, 2, 3, 7

Oranger

Outre ses fruits délicieux, cet agrume produit des fleurs très parfumées. Installez votre arbre dans un endroit très ensoleillé en été et dans une pièce fraîche mais lumineuse l'hiver.

Zones : 1, 2, 3, 7

Pêcher

Les fruits à peau duveteuse du pêcher apparaissent en été et demandent du soleil pour mûrir. Quand l'arbre a perdu ses feuilles, transférez-le dans une pièce fraîche pour l'hiver.

Zones : 1, 2, 3, 7

Choisir un **contenant**

Plusieurs **facteurs importants** sont à prendre en compte pour choisir un **contenant approprié**. Avant de vous fixer sur un style et un matériau (p. 30-31), assurez-vous qu'il répond à tous les **aspects pratiques** requis.

Exigences de base

Avant d'acheter un contenant, vérifiez qu'il répond aux besoins des plantes que vous allez cultiver. Choisir un pot de la bonne taille est essentiel pour assurer aux plantes une croissance harmonieuse. Pour ne pas salir la surface sur laquelle ils sont posés, il faut trouver un dispositif qui empêche l'eau de couler. Les plantes ne pouvant survivre dans une terre imbibée d'eau en permanence, celle-ci doit donc pouvoir s'évacuer.

Assurer le drainage

Le moyen le plus simple pour concilier ces deux contraintes est d'utiliser un contenant pourvu de trous de drainage à la base et de le poser sur une soucoupe qui récupérera l'eau en excès (voir illustration ci-contre en haut).

Vous pouvez aussi cultiver votre plante dans un pot en plastique pourvu de trous de drainage et le placer à l'intérieur d'un cache-pot décoratif (voir illustration ci-contre au milieu).

Les pots à réserve d'eau (voir illustration ci-contre en bas) incorporent un réservoir dans lequel l'eau en excès peut s'écouler. Celle-ci est ensuite réabsorbée par le terreau quand il devient trop sec.

Si vous tenez à cultiver une plante dans un contenant dépourvu de trous, disposez au fond une couche de graviers de 2 à 3 cm de hauteur – l'eau en excès tombera dans ce « puits » – sur laquelle vous poserez un plastique percé de trous avant d'ajouter le terreau.

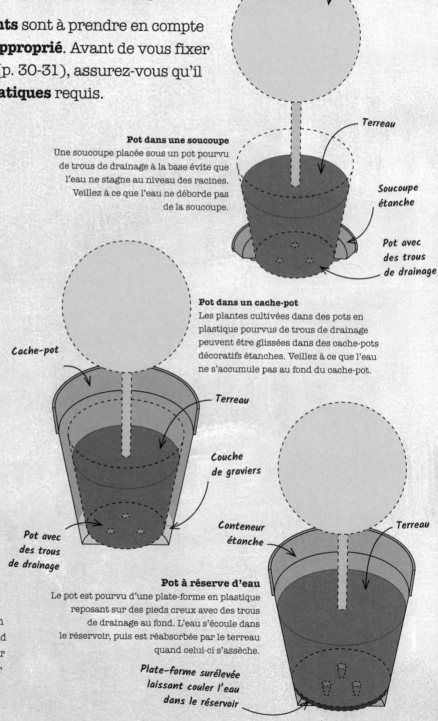

Plante

Pot dans une soucoupe
Une soucoupe placée sous un pot pourvu de trous de drainage à la base évite que l'eau ne stagne au niveau des racines. Veillez à ce que l'eau ne déborde pas de la soucoupe.

Terreau

Soucoupe étanche

Pot avec des trous de drainage

Cache-pot

Pot dans un cache-pot
Les plantes cultivées dans des pots en plastique pourvus de trous de drainage peuvent être glissées dans des cache-pots décoratifs étanches. Veillez à ce que l'eau ne s'accumule pas au fond du cache-pot.

Terreau

Couche de graviers

Pot avec des trous de drainage

Conteneur étanche

Terreau

Pot à réserve d'eau
Le pot est pourvu d'une plate-forme en plastique reposant sur des pieds creux avec des trous de drainage au fond. L'eau s'écoule dans le réservoir, puis est réabsorbée par le terreau quand celui-ci s'assèche.

Plate-forme surélevée laissant couler l'eau dans le réservoir

Taille du contenant

La taille de la plante que vous souhaitez cultiver va déterminer celle du pot. Les grandes plantes et les arbres, tels que citronniers et orangers, exigent beaucoup de place pour leurs racines. Comme ils vivent plusieurs années, ils ont besoin aussi d'être régulièrement rempotés dans des contenants plus grands. Pour éviter des dépenses inutiles, cultivez votre plante dans un pot en plastique et cachez-le dans une belle et grande poterie qui vous servira plusieurs années.

Choisir la bonne taille

Les grandes plantes, comme les tomates avec tuteur, nécessitent un pot d'au moins 25 cm de hauteur et 20 cm de large pour contenir les racines et assurer une bonne stabilité. Il faut prévoir des tuteurs pour les tiges hautes.

Les petites plantes telles que les radis sont peu encombrantes, mais pour avoir une bonne récolte, il est recommandé d'en planter plusieurs – au moins dix – dans un grand pot. Les plantes originaires des climats secs n'ont pas besoin de beaucoup de terre, ni d'eau, et s'accommodent de pots relativement petits.

L'absence de trous de drainage favorise le développement de maladies fongiques.

Laissez un espace entre la surface du terreau et le bord du pot pour éviter que l'eau ne déborde.

Le thym se plaît dans un petit contenant.

Contenants de petite taille

Souvent jolis, les petits pots sont peu appropriés aux plantes potagères. Réservez-les pour des petites herbes, fleurs et jeunes pousses. N'oubliez pas qu'un petit contenant demande des arrosages plus fréquents qu'un grand.

Contenants de taille moyenne

Les pots de 25 à 40 cm de diamètre et de profondeur conviennent à de nombreuses plantes, tels les tomates, poivrons, piments et herbes. Ils peuvent aussi accueillir un groupe de plantes plus petites, telles que carottes et laitues.

Contenants de grande taille

Avec leur grand volume de terre, ces pots retiennent bien l'eau, ce qui signifie des arrosages plus espacés. Ils assurent aussi une bonne stabilité aux arbres, même si certains, comme le figuier, poussent mieux à l'étroit.

Les différents **types de contenants**

Le matériau dans lequel est fait un pot influe non seulement sur son aspect mais aussi sur son poids et sa longévité. Les **contenants légers** sont **faciles à déplacer**, tandis que les **pots lourds** assurent une bonne **stabilité** pour les arbres et autres grandes plantes. Les informations suivantes vous aideront à faire les bons choix pour vos cultures.

Les pots en terre peuvent être très lourds une fois remplis de terreau.

Doublez les contenants en bois ou en osier avec du plastique.

Terre cuite et terre vernissée

Les pots en terre plaisent par leur aspect naturel et rustique, mais ils sont poreux et ne doivent pas être posés directement sur un tapis, un parquet ou une surface fragile. Mettez-les dans des soucoupes étanches.

Bois et osier

Ces contenants sont prisés pour leur aspect naturel. N'étant pas étanches, il faut tapisser l'intérieur de plastique pour éviter qu'ils ne pourrissent ou ne souillent le mobilier ou le sol. Mettez vos plantes dans des pots en plastique avant de les insérer dedans.

Les petites herbes poussent bien en pot suspendu.

Contenants suspendus

Les paniers suspendus sont rarement étanches : tapissez-les de plastique ou mettez vos plantes dans un autre pot à glisser dans le panier.

Au besoin, **remplissez le fond** de morceaux de polystyrène pour que l'eau puisse s'y écouler.

Choisissez un matériau en accord avec votre style et qui mette vos plantes en valeur.

Le métal chauffe vite, il faut donc arroser souvent.

La fibre de verre et la résine sont légères et polyvalentes.

Certains pots en plastique ont une soucoupe ou un réservoir intégré.

Métal et imitation métal

Le métal s'accorde au style contemporain et certains, comme le zinc, conviennent aussi pour un intérieur plus traditionnel. La plupart sont légers, mais tous ne sont pas étanches – tapissez-les de plastique avant de les remplir.

Fibre de verre, résine et plastique

La fibre de verre et la résine conviennent aux intérieurs contemporains et traditionnels. Les pots en plastique ne sont pas très décoratifs, mais ils peuvent être mis dans de jolis cache-pots pour avoir un aspect plus agréable à l'œil.

Herbes et fleurs comestibles

Découvrez le vaste choix d'herbes adaptées à la culture en intérieur, ainsi que les végétaux produisant des fleurs comestibles. Des projets détaillés vous permettront de cultiver facilement ces plantes colorées chez vous.

Généralités sur les herbes et fleurs comestibles

Avec quelques **plants d'herbes** et de **fleurs comestibles**, vous disposerez d'**ingrédients** permettant d'agrémenter tout un éventail de plats et boissons.

Qu'est-ce qu'une herbe ?

Ce terme regroupe les plantes au feuillage aromatique, souvent dotées de propriétés médicinales. Les espèces présentes dans ce livre, comme le thym, la menthe et le basilic, sont appréciées par les cuisiniers pour leur saveur unique. Les herbes fraîches renferment des minéraux et des vitamines, bénéfiques pour la santé. Les feuilles de menthe consommées en infusion facilitent la digestion et des chercheurs ont montré que l'odeur du romarin et de la sauge pouvait améliorer les facultés cognitives et la mémoire. Les herbes sont des plantes précieuses pour la culture en intérieur, car la plupart se développent facilement en pots près d'une fenêtre ensoleillée, mettant à portée de main les feuilles fraîches nécessaires à vos recettes.

Le pouvoir des fleurs

D'une saveur très agréable, les fleurs comestibles parfument et décorent les salades fraîches, desserts et gâteaux, et même le pain. Elles apportent aussi quelques vitamines. Certaines, comme la lavande, contiennent des antioxydants qui aident à se maintenir en bonne santé et prévenir les maladies.

Pour étendre la période de récolte, cultivez différentes sortes de fleurs. Elles mettront de la couleur dans vos jardinières gourmandes. Pour faire évoluer le décor au fil des saisons, démarrez au printemps avec des tulipes et pâquerettes, puis passez aux fleurs estivales. Chez certaines plantes, le fait de prélever régulièrement les fleurs les incite à en produire davantage. Les soucis, violas, primevères et géraniums odorants ont une longue période de floraison, alors que les tulipes ne fleurissent qu'une fois.

Les meilleures zones pour les herbes et fleurs comestibles

Les herbes et les fleurs ayant besoin de lumière vive, elles poussent bien dans les zones 1, 2 et 3. Certaines s'accommodent de zones partiellement éclairées, mais nécessitent quand même un éclairage artificiel dans les coins sombres.

Zone 1

Fenêtres au sud
Cette zone convient à toutes les herbes et fleurs. Veillez à l'arrosage, car ces emplacements s'échauffent très vite en été et par beau temps au printemps et en automne.

Zone 2

Fenêtres à l'est et à l'ouest
Un emplacement face à une fenêtre à l'est ou à l'ouest convient à presque toutes les herbes et fleurs. Le basilic et la lavande s'y plaisent toutefois moins qu'en zone 1.

Zone 3

Sous une fenêtre de toit
Cette zone convient à toutes les herbes et fleurs, surtout si la pièce comprend aussi une fenêtre verticale. Arrosez régulièrement les plantes car il peut y faire très chaud.

Zone 4

Murs
Un mur ensoleillé convient à toutes les herbes et fleurs. Si celui-ci est à l'ombre une partie de la journée, optez pour la menthe, l'origan, le persil, les dendrobiums et les violas.

Zone 5

Coins sombres
Les herbes et fleurs peuvent pousser dans ces endroits si vous les installez sous une lampe de culture. Sans éclairage artificiel, leur développement est impossible.

Zone 6

Centre d'une pièce
Les herbes et fleurs s'y plaisent si l'ensoleillement est maximal. S'il n'est que partiel, cultivez des dendrobiums, de la menthe, de l'origan, du persil ou des violas.

Zone 7

Pièce au sud fraîche (non chauffée)
Un tel emplacement convient à toutes les herbes et fleurs, sauf au basilic qui a besoin d'un peu plus de chaleur – mais il s'y plaira l'été.

Zone 8

Appui de fenêtre extérieur
À l'exception des dendrobiums, toutes les herbes et fleurs se plaisent à cet endroit. Le basilic craignant le gel, attendez la fin du printemps pour l'y installer.

Herbes et fleurs comestibles
sur un appui de fenêtre

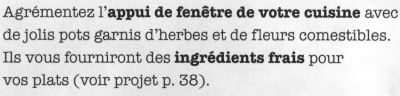

Niveau 1 facile

Agrémentez l'**appui de fenêtre de votre cuisine** avec
de jolis pots garnis d'herbes et de fleurs comestibles.
Ils vous fourniront des **ingrédients frais** pour
vos plats (voir projet p. 38).

*Si les feuilles
d'un romarin pâlissent
ou jaunissent, apportez
un engrais pour plantes
vertes.*

Menthe

Violas

Persil

MENTHE
La menthe fait partie des herbes
qui préfèrent la fraîcheur. Elle
s'accommode d'une situation
ensoleillée à condition de
maintenir le terreau humide
– mais pas détrempé.

VIOLA
Précieuses pour ajouter de la
couleur aux salades et gâteaux,
les violas égaient aussi le jardin
d'intérieur. Elles fleurissent
longtemps et poussent bien en pot
avec des arrosages réguliers.

PERSIL
Les différentes variétés de persil
(voir p. 72-73) se cultivent bien
en pot. Les plantes peuvent vivre
deux ans, mais les feuilles sont
plus tendres et parfumées
la première année.

ROMARIN
Au printemps, cet arbuste se
couvre de petites fleurs bleues,
également comestibles. On ne
peut le conserver en pot que
quelques saisons, car il devient
trop grand par la suite.

Herbes et fleurs cultivées en pots

La plupart des plantes se plaisent sur un appui de fenêtre bien éclairé. Récoltez les feuilles et fleurs du printemps à l'automne. En hiver, limitez la cueillette, car la croissance des plantes est très ralentie. Choisissez des herbes variées en parfums et utilisations.

Choisir des herbes culinaires

Les herbes présentées ci-dessous sont parmi les plus faciles à utiliser en cuisine. Si votre appui de fenêtre est étroit, choisissez celles que vous préférez de manière à avoir toujours suffisamment de feuilles à prélever. Ne défoliez jamais une plante complètement, ou presque, car cela la tuerait.

Tournez les pots tous les un ou deux jours pour assurer une croissance équilibrée et éviter que certaines tiges s'allongent démesurément.

Ciboulette

Sauge

Violas

Thym

30 minutes de rempotage

Plein soleil 10-22 °C

Arrosez quand la surface du terreau semble sèche.

Apportez un engrais pour plantes vertes toutes les 2-4 semaines, de mai à octobre.

Récoltez selon vos besoins en période de croissance.

Infos culture en bref

SAUGE
Gardez cette herbe méditerranéenne dans un petit pot au soleil pendant un ou deux ans, puis remplacez-la ou rempotez-la dans un plus grand contenant. Le terreau ne doit jamais être gorgé d'eau.

THYM
Les thyms (voir p. 40-41) sont faciles à cultiver. Ceux qui atteignent 30 cm de haut ont besoin de pots plus grands que ceux montrés ici. Arrosez régulièrement, mais ne laissez jamais l'eau stagner.

CIBOULETTE
Cette herbe au parfum alliacé se plaît sur un appui de fenêtre ensoleillé. Récoltez les feuilles du printemps à l'automne. La plante disparaît en hiver, mais la croissance reprend le printemps suivant.

Projet »

Cultiver des herbes et fleurs en pots

Les herbes et les fleurs sont **faciles à cultiver** à l'intérieur, mais elles exigent un excellent **drainage**. Le mieux est d'utiliser des **pots en plastique** avec un fond percé et de les insérer dans de jolis cache-pots.

IL VOUS FAUT :

- herbes – choisissez une variété (voir p. 40-41, 46-47, 66-67, 72-75) ;
- fleurs comestibles telles que violas (voir p. 56-57 pour d'autres idées) ;
- pots en plastique adaptés aux cache-pots de votre choix ;
- terreau à base de terre végétale ;
- sable horticole ;
- gravier ;
- cache-pots ;
- petit arrosoir.

1 Vous pouvez mettre directement les plantes dans un cache-pot après avoir déposé du gravier au fond. Cependant, les plus vigoureuses, comme la sauge et le thym, doivent d'abord être rempotées. Pour cela, déposez une couche de terreau au fond du nouveau pot. Mélangez un peu de sable avec le terreau pour améliorer le drainage.

2 Arrosez la plante, puis dépotez-la en maintenant les tiges avec les doigts. Posez-la dans son nouveau pot, puis enlevez ou ajoutez du terreau pour que la surface de la motte se situe juste en dessous du bord du pot.

Retournez les pots pour observer la base de la motte et rempotez les plantes dont les racines sortent par les trous de drainage.

Rempotez le romarin dans un pot deux tailles au-dessus de celui d'origine.

3 Comblez le pourtour avec du terreau. N'enterrez pas les tiges, sinon elles risquent de pourrir. Tassez doucement le terreau avec les doigts, puis arrosez copieusement.

Veillez à ne laisser aucune poche d'air autour des racines.

Entretien

Les herbes et fleurs comestibles sont rarement heureuses dans des pots mesurant moins de 9 cm de diamètre et 12 cm de haut, bien que certaines, dont le thym et les violas, puissent s'en accommoder quelque temps. Rempotez-les après un ou deux mois.

Ne prélevez pas de feuilles sur les très jeunes plantes. Arrosez avec modération quand le terreau est sec en surface. Si une plante a été trop arrosée, videz l'eau en excès et laissez sécher le terreau avant d'arroser à nouveau. Apportez un engrais liquide pour plantes vertes toutes les deux à quatre semaines, de la fin du printemps à l'automne.

Mettez du gravier ou des petits morceaux de polystyrène au fond du cache-pot.

4 Déposez une couche de gravier au fond du cache-pot – en surélevant la base du pot, elle permettra à l'eau en excès de s'écouler –, puis mettez la plante rempotée dans le cache-pot.

Une petite **couche de gravier** en surface contribue à garder le terreau humide.

Thym

Thymus sp.

Le thym se plaît sur un appui de fenêtre ensoleillé. Récoltez les feuilles du printemps à l'automne et utilisez-les pour aromatiser soupes, sauces, poissons et plats de viande.

Culture

Quand acheter ou semer

Les jeunes plants sont disponibles toute l'année. Si vous faites vos achats en hiver, attendez la reprise de croissance au printemps pour prélever des feuilles. Rempotez les plantes dont les racines sont à l'étroit dans un terreau pour plantes vertes mélangé à du sable horticole ou du gravier.

Lumière et température

Le thym est rustique mais a besoin de soleil pour bien pousser. Ouvrez les fenêtres pour renforcer la ventilation. En hiver, gardez-le au frais. Il peut aussi rester toute l'année sur un appui de fenêtre ou un balcon ensoleillé.

Arrosage

Comme toutes les herbes méditerranéennes, le thym aime les substrats drainants et redoute les sols gorgés d'eau. Utilisez des pots pourvus de trous et arrosez seulement quand le terreau est bien sec en surface.

Entretien

Apportez un engrais liquide pour plantes vertes tous les quinze jours, d'avril à octobre. Rempotez tous les un ou deux ans, au printemps, dans un mélange composé de $\frac{2}{3}$ de terreau et $\frac{1}{3}$ de sable.

Récolte

Récoltez les feuilles d'avril à novembre – quelques-unes à la fois sur chaque plante. Bien que le thym soit persistant, il a besoin d'une période de repos en hiver.

Le thym commun produit des petites fleurs roses en été, également comestibles.

Thym commun

Sélection de variétés d'intérieur

En multipliant les variétés, vous obtiendrez une belle diversité de feuillages et d'arômes. Certaines formes, comme le thym citron, ont une saveur spécifique, tandis que les thyms rampants sont particulièrement décoratifs en suspension.

THYM COMMUN ▶
(Thymus vulgaris)
Facile à cultiver, cette espèce à feuillage vert est un aromate classique pour les plats de poisson et de viande.
Hauteur et étalement : 30 × 30 cm

THYM ALPIN ▶
(Thymus 'Worfield Gardens')
Ce thym compact a des feuilles panachées de blanc et de jeunes pousses rouges. Les feuilles ont une saveur piquante, rafraîchissante.
Hauteur et étalement : 10 × 20 cm

THYM SERPOLET ▶
(Thymus serpyllum)
Cultivez ce thym aux fleurs roses dans un pot large et peu profond. Utilisez ses feuilles très aromatiques pour parfumer les ragoûts.
Hauteur et étalement : 10 × 30 cm

THYM CITRON ▲
(Thymus pulegioides 'Archer's Gold')
Les feuilles au goût citronné de ce thym sont parfaites pour le poulet et les poissons.
Hauteur et étalement : 25 × 25 cm

THYM 'SILVER POSIE' ▶
(Thymus 'Silver Posie')
Ce thym buissonnant aux feuilles gris-vert bordées de blanc donne des fleurs blanc pourpré en juin-juillet. Utilisez-le en bouquet garni ou pour les farces et sauces.
Hauteur et étalement : 30 × 30 cm

THYM RAMPANT ROUGE ▶
(Thymus praecox 'Coccineus')
Ce thym tapissant est parfait pour orner le bord d'un pot abritant une herbe haute. Il donne des fleurs rouge rosé en juillet et s'accorde bien avec la viande et le poisson.
Hauteur et étalement : 10 × 20 cm

Côté cuisine

Rehausser la saveur

Émiettez du thym sur les viandes et poissons grillés.
Aromatisez les plats mijotés avec un bouquet garni de thym, persil et feuilles de laurier. Pour une garniture à la grecque, mettez sur vos crêpes de la feta au miel avec un peu de thym.
Faites une vinaigrette de légumes en mélangeant thym citron, huile d'olive, jus de citron, moutarde, sel et poivre.
Écrasez du thym avec du gros sel et parsemez-en des pommes de terre ou des légumes-feuilles. Le thym s'accorde bien avec le poulet et la dinde.
Dispersez des feuilles de thym sur la volaille avant de la rôtir ou ajoutez-les à la farce.

Poulet rôti au thym

L'oseille a besoin d'arrosages réguliers.

Ne cueillez pas toutes les fleurs du thym ; laissez-en quelques-unes pour les abeilles.

Choisissez un appui de fenêtre ensoleillé.
Ces plantes s'accommodent de la mi-ombre, mais elles ne poussent pas bien sur une façade exposée au nord.

Niveau 1 *facile*

Jardinière d'**herbes** et géranium odorant

Utilisez les **petits espaces extérieurs** pour élargir votre gamme de cultures. **Décorative et durable**, cette composition mêlant **herbes et géranium odorant** fournit des ingrédients frais pour la cuisine (voir page suivante).

Utilisez vos espaces extérieurs

Lumineux, relativement chaud et abrité, un appui de fenêtre extérieur crée un environnement favorable à la culture de plantes compactes. Plantez la jardinière chez vous, puis installez-la dehors, en la fixant solidement au rebord. Vous vous occuperez des plantes de l'intérieur. Arrosez-les à la même fréquence que si elles étaient dedans, car les appuis de fenêtre sont souvent abrités de la pluie. Les plantes mellifères, comme le thym et le basilic, sont une source de nectar pour les abeilles.

Des plantes sans ravageurs
La bande de cuivre fixée sur la jardinière contribue à éloigner escargots et limaces.

Une sélection de plantes

Les appuis de fenêtre extérieurs offrent de nombreuses possibilités. Choisissez le contenant le plus grand possible pour donner un maximum de place à vos plantes.

Géranium odorant
Cette plante résistante à la sécheresse est facile à cultiver. Consommez les feuilles en infusion et utilisez les fleurs en garniture.

Thym rampant
Choisissez le thym rampant pour adoucir les contours du contenant. Les feuilles s'utilisent comme celles du thym commun.

Oseille sanguine
Utilisez les feuilles veinées de rouge de cette oseille pour ajouter une saveur acidulée aux soupes, salades et plats de poisson.

Infos culture en bref

2 heures

Plein soleil ou mi-ombre

Arrosez tous les 1 ou 2 jours.

Apportez un engrais liquide universel (voir p. 44-45).

Récoltez fleurs et feuilles selon vos besoins.

Projet »

Planter une jardinière d'herbes et géranium

Facile à réaliser, ce projet est idéal pour les débutants.
La production est continue, avec des **fleurs et feuilles** qui
peuvent être récoltées durant **tout l'été** et en **début d'automne**.

À défaut d'appui extérieur, fixez solidement des équerres sur le mur sous une fenêtre.

IL VOUS FAUT :

- jardinière d'environ
  45 × 20 × 20 cm ;

- morceaux de polystyrène ;

- terreau universel ;

- 2 géraniums odorants (tels que
  Pelargonium 'Orange Fizz'
  et *P.* 'Attar of Roses') ;

- 1 oseille sanguine
  (*Rumex sanguineus*) ;

- 1 thym serpolet
  (*Thymus serpyllum*) ;

- 1 origan panaché
  (*Origanum vulgare*
  'Country Cream') ;

- 1 basilic thaï
  (*Ocimum basilicum*
  var. *thyrsiflora*) ;

- arrosoir ;

- engrais liquide universel.

Quand la fenêtre est ouverte, le parfum des géraniums se diffuse dans la pièce.

1 Si votre contenant est dépourvu
de trous de drainage, percez-en
quelques-uns. Déposez au fond une fine
couche de morceaux de polystyrène
– pour éviter que les trous se
bouchent –, puis une couche de terreau.

Utilisez un terreau universel enrichi en engrais.

2 Posez le grand géranium
(ici, 'Orange Fizz') sur le terreau
et ajustez la hauteur afin que la surface
de la motte se trouve à 2-3 cm du bord.

3 Si les racines sont enroulées
autour de la motte, démêlez-les
doucement avec les doigts. Elles se
déploieront ainsi plus facilement.

4 Plantez les autres plantes, en mettant le basilic et l'oseille derrière et l'autre géranium sur le côté. Laissez un espace de 2-3 cm sous le bord.

5 Enfin, glissez le thym rampant à l'avant – pour que les autres plantes ne lui fassent pas d'ombre. Tassez le terreau avec les doigts autour de chaque motte.

Entretien

Si vous avez utilisé un terreau enrichi en engrais, il est inutile de fertiliser pour le moment. Après quelques semaines, si les plantes commencent à manquer de vigueur, apportez un engrais liquide universel. Retirez les fleurs fanées pour inciter les plantes à en produire de nouvelles.

6 Posez la jardinière sur un appui de fenêtre extérieur (ou intérieur, s'il est ensoleillé) et arrosez bien. Assurez-vous que la jardinière soit stable. Au besoin, fixez une équerre métallique pour la maintenir.

Récoltez les feuilles régulièrement pour stimuler leur production.

Retirez les fleurs fanées de géraniums.

Basilic

Ocimum sp.

Incontournable en cuisine, le basilic accompagne à merveille les tomates fraîches et les plats méditerranéens. Les nombreuses variétés offrent une grande diversité de teintes et de parfums.

Les fleurs de basilic, également comestibles, apportent couleur et saveur aux plats.

Basilic 'Spice'

Culture

Quand acheter ou semer

Semez le basilic au printemps dans des pots remplis de terreau pour semis ou achetez des plants en jardinerie à la fin du printemps. Si ceux-ci sont bien développés, rempotez-les dans du terreau universel.

Lumière et température

Le basilic aime le soleil. Installez-le sur un appui de fenêtre exposé au sud. Il se plaira aussi dans une pièce chaude, mais pas confinée – ouvrez les fenêtres en été pour faire circuler l'air.

Arrosage

Le basilic est assez capricieux. Le terreau doit être humide, mais bien drainé – l'eau qui stagne au niveau des racines favorise les maladies fongiques. Veillez à ce que le pot ait suffisamment de trous de drainage et arrosez tous les deux ou trois jours. Ne mouillez pas le feuillage pour éviter, là aussi, le développement de maladies.

Entretien

Fertilisez les plants adultes tous les quinze jours avec un engrais liquide pour plantes vertes. Coupez les tiges florales avant qu'elles ne montent en graine.

Récolte

Prélevez l'extrémité des tiges en les pinçant. Ne coupez pas les bases ligneuses des tiges, car cela peut faire périr la plante.

Sélection de variétés d'intérieur

Outre le basilic commun à feuilles vertes, il existe des variétés avec des feuilles pourpres ou des parfums très divers, comme le basilic citron qui associe le parfum classique du basilic à une note fraîche et acidulée. Les jardineries proposent en général des plants de différentes variétés, mais vous aurez plus de choix en effectuant vos propres semis.

BASILIC COMMUN ▲
(*Ocimum basilicum*)
C'est l'espèce la plus courante en magasin. Son feuillage à l'odeur de clou de girofle est un ingrédient idéal pour les plats à base de tomates et les pestos.
Hauteur et étalement : 25 × 25 cm

BASILIC 'SPICE' ▶
(*Ocimum basilicum* 'Spice')
Cette variété de basilic commun produit des épis de fleurs roses très décoratifs. Sa saveur douce et piquante s'accorde aux salades et plats de style méditerranéen.
Hauteur et étalement : 25 × 25 cm

◀ BASILIC 'DARK OPAL'
(*Ocimum basilicum* 'Dark Opal')
D'une saveur douce, cette variété à feuilles pourpres exige le plein soleil et un bon drainage. Arrosez avec parcimonie et laissez le terreau sécher en surface entre deux arrosages.
Hauteur et étalement : 30 × 30 cm

◀ BASILIC NAIN
(*Ocimum minimum*)
Le basilic nain, ou basilic fin, a des petites feuilles et une saveur très prononcée. Il est plus sensible au mildiou que ses cousins.
Hauteur et étalement : 20 × 20 cm

BASILIC THAÏ ▶
(*Ocimum basilicum* var. *thyrsiflorum*)
Ce basilic aux tiges pourprées a un goût de réglisse. Il est souvent utilisé dans les plats asiatiques et les sautés de viandes.
Hauteur et étalement : 30 × 30 cm

BASILIC CITRON ▶
(*Ocimum* x *citriodorum*)
Ses feuilles vert pâle à la saveur de citron s'accordent aux plats asiatiques et aux poissons. Crues, elles apportent une note acidulée aux salades.
Hauteur et étalement : 30 × 30 cm

Prélevez juste l'extrémité des tiges pour inciter la production de nouvelles pousses.

Menthe chocolat

Menthe poivrée

Verveine citronnelle

En prévision, faites sécher les feuilles qui tombent en hiver.

Stévia

Verveine citronnelle

Stévia

Choisissez des cache-pots légers pour camoufler les pots en plastique et répartissez les plantes de manière régulière sur les étagères, en tenant compte de leur hauteur.

Niveau 2
moyen

Cultiver des
herbes à tisanes

Les herbes fraîches ont de nombreuses propriétés médicinales. Installez-en **plusieurs sortes** sur des **étagères suspendues** face à une fenêtre, pour **économiser de la place**, et prélevez leurs feuilles pour préparer vos tisanes quotidiennes (voir projet page suivante).

Tisanes bienfaisantes

Riches en antioxydants, les herbes à tisanes ont de nombreuses vertus. La menthe est stimulante et soulage les nausées et maux d'estomac. La camomille apaise les nerfs et favorise l'endormissement. La verveine citronnelle calme les douleurs articulaires.

Choisir des plantes à tisanes

Essayez la matricaire, la stévia (*Stevia rebaudiana* ; voir aussi p. 221), la grande camomille, la verveine citronnelle et la menthe poivrée (voir ci-dessous). Seules les fenêtres au nord ne conviennent pas.

L'infusion de menthe facilite la digestion.

Grande camomille
(*Tanacetum parthenium*)
Cultivez cette plante dans un grand pot, avec un substrat drainant. Ses feuilles sont préconisées pour soulager migraines et douleurs musculaires.

Verveine citronnelle
(*Aloysia citrodora*)
Prélevez régulièrement le sommet des tiges pour limiter cet arbuste en hauteur. Il perd ses feuilles en hiver et en fait de nouvelles au printemps.

Menthe poivrée
(*Mentha x piperita*)
Cultivez cette espèce vigoureuse dans des grands pots que vous garderez d'année en année – elle perd ses feuilles en hiver, mais repart au printemps.

Projet »

Étagère suspendue pour herbes à tisanes

Rapides à fabriquer, ces étagères en bois permettent de cultiver des **herbes à tisanes** tout en **optimisant la surface** vitrée d'une fenêtre. Ajustez l'espace entre les planches en fonction des plantes les plus hautes.

IL VOUS FAUT :

- 2 planches d'environ 60 x 20 x 2 cm, coupées à la bonne dimension et avec les coins poncés au papier de verre ;
- crayon ;
- mètre ruban ;
- perceuse et mèches à bois ;
- 8 m de corde ;
- pinces à linge ;
- quelques herbes à tisanes ;
- terreau universel ;
- perlite (ou vermiculite) ;
- pots en plastique percés au fond ;
- cache-pots légers et étanches ;
- arrosoir.

Pour un décor plus gai, utilisez de la corde colorée et peignez l'étagère dans une teinte vive.

1 À l'aide d'un crayon, faites une marque à 2 cm du bord dans chaque coin des deux planches. Posez-les sur une vieille table ou une chute de bois et percez des trous assez grands pour y enfiler facilement la corde.

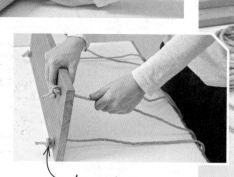

Les extrémités nouées des cordes doivent se retrouver sous l'étagère.

2 Coupez la corde en quatre tronçons de 2 m – ou plus si votre plafond est haut. Faites un double nœud à l'extrémité d'un des tronçons, enfilez l'autre par un des trous de l'étagère et tirez. Faites de même avec les trois autres.

3 Déterminez l'espace entre les étagères en mesurant la hauteur des plantes et en ajoutant quelques centimètres pour leur croissance future. Tirez sur une corde et reportez sa mesure à l'aide d'une pince à linge. Faites de même avec les autres.

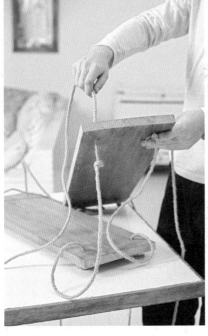

Laissez infuser les feuilles dans de l'eau bouillante pendant cinq minutes avant de boire.

4 Faites un nœud au-dessus de chaque pince à linge et enfilez les cordes dans les trous de la seconde planche. Ajustez les nœuds si elle n'est pas à l'horizontale.

5 Plantez les herbes dans des pots en plastique percés au fond en utilisant un terreau universel mélangé à une poignée de perlite. Placez ces pots dans des cache-pots étanches et légers.

Entretien

Arrosez les plantes tous les deux ou trois jours en veillant à ce que le terreau ne soit jamais gorgé d'eau – au besoin, videz les cache-pots. Apportez un engrais pour plantes vertes tous les quinze jours. Ne récoltez pas les feuilles plus d'une fois par semaine. Si des tiges sèchent, coupez-les ; de nouvelles pousses se développeront à la base.

Pour éviter que l'étagère ne penche, posez d'abord un pot au centre de chaque planche, puis ajoutez les autres.

6 Faites une boucle au sommet de chaque corde et sécurisez-la avec un autre nœud. Accrochez l'étagère à des crochets solides fixés au plafond – dans une poutre, par exemple – près de la fenêtre. Posez les plantes sur les planches en répartissant les poids.

Arrosez tous les 2 ou 3 jours.

Les orchidées sur écorce sont très décoratives. Si les tiges commencent à s'incliner vers la lumière, essayez de transférer les orchidées sur le mur opposé.

Le montage sur écorce reproduit le mode de vie naturel des orchidées.

Niveau 2 *moyen*

Orchidées comestibles
montées sur écorce

Les **dendrobiums** offrent une saveur mêlant chou kale et concombre. Les fleurs agrémentent les **gâteaux** et se mangent aussi frites en **tempura**. Ces orchidées peuvent être cultivées en pot ou, pour certaines, **montées sur écorce** et fixées sur un mur (voir projet page suivante).

Choisir des dendrobiums

Il existe différents types de dendrobiums. Leurs fleurs sont toutes comestibles, mais certaines personnes y sont allergiques. Avant d'en consommer, faites un test avec un tout petit morceau. Lisez l'étiquette qui accompagne la plante, car les dendrobiums n'ont pas tous les mêmes exigences. Beaucoup aiment la fraîcheur en hiver et la chaleur en été. Ils poussent mieux sous une lumière vive, mais sans soleil direct. Pour cristalliser les fleurs, peignez-les avec un blanc d'œuf battu, saupoudrez-les de sucre glace, puis laissez-les sécher pendant 24 heures.

Décor de gâteau

Les dendrobiums aiment la lumière vive, mais protégez-les du soleil direct en été.

Infos culture en bref

1-2 heures de montage

Lumière vive. La température dépend de la saison et du type d'orchidée.

Arrosez tous les 2 jours en été, 1 fois par semaine en hiver.

Apportez un engrais pour orchidées 1 fois par semaine.

Récoltez les fleurs selon vos besoins.

Variétés nommées
Les variétés comme cette 'Berry Oda' ont été sélectionnées pour les intérieurs chauffés. Toutefois, les dendrobiums exigent tous une atmosphère humide et une bonne ventilation.

Type phalaenopsis
Ces dendrobiums persistants fleurissent deux ou trois fois par an. Ils aiment la chaleur le jour et une certaine fraîcheur la nuit. Réduisez un peu les arrosages entre les floraisons.

Type nobile
Ces dendrobiums fleurissent plutôt en hiver, car ils ont besoin d'une période de fraîcheur en automne pour initier la floraison. Les nouvelles tiges se développent au printemps.

Projet »

Monter un dendrobium sur écorce

Choisissez un dendrobium **compact** avec des petites fleurs délicatement parfumées. Accrochez-le dans un **endroit lumineux** près d'une fenêtre et **vaporisez-le** d'eau une fois par jour. **L'arrosage** se fait par trempage.

Pour limiter le stress et favoriser sa reprise, il vaut mieux monter l'orchidée quand elle n'est pas en fleurs.

IL VOUS FAUT :

- dendrobium à petites fleurs, comme 'Berry Oda' ;
- cintre ou fil de fer recourbé en crochet à une extrémité ;
- ciseaux affûtés (ou sécateur) ;
- morceau d'écorce (disponible sur Internet) ou, à défaut, morceau d'ardoise ;
- petit paquet de sphaigne ;
- petit rouleau de fil de pêche transparent ;
- petit rouleau de fil de fer de calibre moyen ;
- tournevis ;
- vis ou petit crochet mural ;
- vaporisateur ;
- seau.

Le montage sur un morceau d'ardoise s'effectue selon la même méthode.

1 Arrosez la plante quelques heures avant de la transférer. Sortez-la de son pot. Si vous êtes allergique, portez des gants pour manipuler l'orchidée. À l'aide du cintre, dégagez délicatement le terreau des racines. Prenez le temps de tout retirer pour qu'elles soient les plus propres possible.

2 À l'aide de ciseaux affûtés ou d'un sécateur, raccourcissez les racines de façon à n'en laisser que 10 cm. Cela favorisera la formation de nouvelles racines une fois l'orchidée montée sur l'écorce. Retirez les éventuelles pousses mortes et tiges séchées.

3 Enveloppez délicatement les racines dans de la sphaigne humide. Utilisez du fil de pêche pour la maintenir en place. Veillez à ne pas trop serrer, car cela pourrait abîmer les racines.

Entretien

Vaporisez l'orchidée d'eau distillée ou d'eau de pluie tous les jours, du printemps à l'automne, tous les deux ou trois jours en hiver. L'arrosage se fait par trempage. Au printemps et en été, immergez les racines dans un seau d'eau pendant 10 à 15 minutes, au moins deux fois par semaine. Pour la fertilisation, diluez l'engrais pour orchidées à la dose recommandée dans l'eau d'arrosage avant d'y faire tremper les racines. Laissez l'eau s'égoutter avant de raccrocher la plante. En hiver, transférez l'orchidée dans une pièce un peu plus fraîche et arrosez une fois par semaine.

Plongez les racines du dendrobium dans un seau d'eau.

4 Coupez un long morceau de fil, attachez une extrémité autour de l'écorce et faites un nœud. Utilisez l'autre extrémité pour y fixer l'orchidée. Plaquez celle-ci sur l'écorce et faites deux ou trois tours avec le fil autour des racines et de l'écorce pour maintenir la plante. Faites attention à ne pas l'abîmer.

5 Enroulez le bout du fil autour de l'écorce et faites un nœud. Fixez-y un bout de fil à l'arrière pour former une boucle ou percez deux petits trous en haut de l'écorce, passez du fil au travers et formez une boucle. Suspendez l'orchidée à un crochet fixé au mur près d'une fenêtre, dans une pièce lumineuse.

Fleurs comestibles

Différentes espèces

Il existe un nombre surprenant de fleurs comestibles offrant toute une gamme de saveurs et de couleurs. Utilisez celles présentées ici pour décorer vos salades et gâteaux ou enrichir la garniture de vos plats.

Culture

Quand acheter ou semer
Achetez les fleurs quand elles sont disponibles, du printemps à l'été. Certaines violas fleurissant au printemps et en été, d'autres en hiver, vous pouvez récolter des fleurs toute l'année.

Lumière et température
Ces plantes ont besoin de soleil. Les fleurs printanières durent plus longtemps dans un environnement frais. Les fleurs estivales aiment la chaleur.

Arrosage
Arrosez fréquemment mais sans laisser l'eau stagner. L'humidité excessive favorise l'apparition de pourriture.

Entretien
Apportez un engrais riche en potassium une fois par semaine, sauf si vous utilisez un terreau enrichi en engrais.

Récolte
Cueillez la fleur épanouie avec son pédoncule. Une récolte régulière favorise la formation de nouvelles fleurs (sauf chez la tulipe).

Sélection de fleurs d'intérieur

Parmi les nombreuses fleurs comestibles, celles-ci sont les plus adaptées à l'intérieur. Lisez les étiquettes des plantes que vous voulez cultiver pour connaître leurs besoins spécifiques.

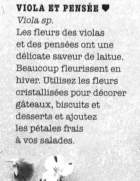

PÂQUERETTE ♥
Bellis perennis
Utilisez les fleurs printanières de cette petite plante pour décorer desserts, soupes et salades. Toutefois, ne consommez pas ces fleurs si vous souffrez du rhume des foins car elles peuvent provoquer une réaction allergique.

VIOLA ET PENSÉE ♥
Viola sp.
Les fleurs des violas et des pensées ont une délicate saveur de laitue. Beaucoup fleurissent en hiver. Utilisez les fleurs cristallisées pour décorer gâteaux, biscuits et desserts et ajoutez les pétales frais à vos salades.

TULIPE ♥
Tulipa sp.
Les pétales de tulipe ont une saveur qui rappelle celle du pois. Les plus parfumées sont les tulipes précoces à fleurs simples. Vérifiez d'abord que vous n'y êtes pas allergique et ne mangez jamais les bulbes, qui sont toxiques.

Côté cuisine

Joyaux colorés

Servez en apéritif des canapés faits de pétales de tulipes tartinés de fromage de chèvre. **Ajoutez** de la couleur à vos crêpes en parsemant la pâte de pétales de pensées pendant la cuisson. **Dispersez** un mélange de violas et primevères sur des feuilles de laitue légèrement assaisonnées. Pour cristalliser des fleurs telles que violas et dendrobiums, peignez-les avec un blanc d'œuf battu, saupoudrez-les de sucre glace, puis laissez-les sécher pendant 24 heures (voir aussi p. 53). **Dynamisez** une salade composée de laitue, concombre, noix, raisin et fromage de chèvre en y éparpillant des pétales de primevères.

Fleurs d'orchidées cristallisées sur un gâteau

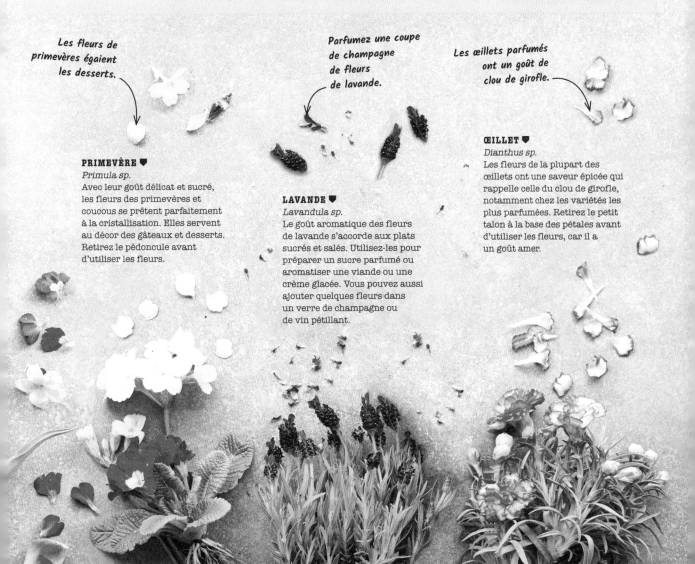

Les fleurs de primevères égaient les desserts.

Parfumez une coupe de champagne de fleurs de lavande.

Les œillets parfumés ont un goût de clou de girofle.

PRIMEVÈRE ♥
Primula sp.
Avec leur goût délicat et sucré, les fleurs des primevères et coucous se prêtent parfaitement à la cristallisation. Elles servent au décor des gâteaux et desserts. Retirez le pédoncule avant d'utiliser les fleurs.

LAVANDE ♥
Lavandula sp.
Le goût aromatique des fleurs de lavande s'accorde aux plats sucrés et salés. Utilisez-les pour préparer un sucre parfumé ou aromatiser une viande ou une crème glacée. Vous pouvez aussi ajouter quelques fleurs dans un verre de champagne ou de vin pétillant.

ŒILLET ♥
Dianthus sp.
Les fleurs de la plupart des œillets ont une saveur épicée qui rappelle celle du clou de girofle, notamment chez les variétés les plus parfumées. Retirez le petit talon à la base des pétales avant d'utiliser les fleurs, car il a un goût amer.

Infos culture en bref

2-3 heures pour peindre l'escabeau et rempoter les plantes.

Pièce ensoleillée 14-22 °C

Arrosez tous les 1 ou 2 jours.

Après 6 semaines, fertilisez 1 fois par semaine.

Récoltez les fleurs selon vos besoins.

Niveau 1 facile

Escabeau de **fleurs** **comestibles**

Disposées sur un escabeau dans une pièce ensoleillée, les **fleurs comestibles** sont assurées de bénéficier de la **lumière** et de l'**espace** dont elles ont besoin pour bien pousser. Changez les variétés en fonction des **saisons**.

Salade florale printanière

IL VOUS FAUT : • escabeau en bois • papier de verre • apprêt bois et peinture bois • pots et soucoupes ou pots en plastique et cache-pots • fleurs comestibles (p. 56-57) • terreau universel • vieille ceinture (facultatif) et pâte adhésive • engrais riche en potassium.

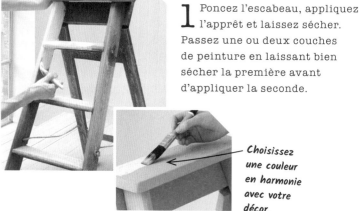

1 Poncez l'escabeau, appliquez l'apprêt et laissez sécher. Passez une ou deux couches de peinture en laissant bien sécher la première avant d'appliquer la seconde.

Choisissez une couleur en harmonie avec votre décor.

2 Choisissez des variétés compactes adaptées à l'espace séparant les marches. Utilisez des pots avec soucoupe ou des contenants en plastique percés que vous glisserez dans des cache-pots étanches. Rempotez les plantes dans du terreau universel. Fixez les contenants qui dépassent des marches à l'aide d'une vieille ceinture ou d'une corde.

3 Fixez les cache-pots et soucoupes avec de la pâte adhésive. Arrosez régulièrement les plantes. Après six semaines, commencez à les fertiliser avec un engrais liquide riche en potassium à l'aide d'un arrosoir muni d'une pomme fine.

Chez les herbes telles que la ciboulette et la lavande, les fleurs et les feuilles ont la même saveur.

Les primevères exigent un bon drainage pour éviter le mildiou.

Choisissez une large gamme de plantes à fleurs saisonnières pour créer un décor original aussi joli que savoureux.

Violas et pensées fleurissent pendant plusieurs semaines.

Mettez la lavande dans un grand contenant assurant un bon drainage.

Arrosez les petits pots tous les jours, mais sans excès.

Posez les grandes plantes à côté de l'escabeau.

Cultiver la **citronnelle** à partir de tiges achetées

Niveau 2 moyen

Indispensable dans la **cuisine asiatique**, cette grande **herbe tropicale** peut être cultivée dans une **pièce ensoleillée** en faisant raciner des tiges fraîches achetées au supermarché.

IL VOUS FAUT : • tiges de citronnelle • planche à découper • couteau aiguisé • verre rempli d'eau • petits pots en plastique • terreau universel • grands contenants pour les plantes adultes.

N'abîmez pas les racines en plantant la tige.

1 Retirez la couche extérieure des tiges de citronnelle. Coupez leur moitié supérieure et utilisez-les pour parfumer viandes sautées et plats de riz.

2 Mettez les tiges dans un verre d'eau. Gardez-le quelques semaines dans un endroit lumineux sans soleil direct. Des racines vont émerger à la base.

3 Remplissez des petits pots de terreau. Percez dans chacun un trou au centre et plantez une tige racinée. Tassez légèrement avec les doigts et arrosez.

Entretien
et récolte

Mettez les pots dans une
pièce ensoleillée. Gardez
le terreau humide mais pas
détrempé. Fertilisez tous
les quinze jours. Récoltez
les tiges quand les plantes
atteignent 45-60 cm de
haut ; supprimez la partie
supérieure feuillue.

*Apportez un engrais
complet pour stimuler
la croissance.*

4 Arrosez régulièrement. Les
feuilles vont apparaître. Quand
les racines sortiront par les trous
de drainage, rempotez la plante
dans un contenant plus grand.

Choisissez pour vos
plants de citronnelle
un **grand pot** pourvu
de trous de drainage ou
un bac à réserve d'eau.

*Le terreau ne doit
jamais être
gorgé d'eau.*

*Les plants
de citronnelle
peuvent dépasser
1 m de haut.*

L'hysope doit
être bien
exposée
au soleil.

On utilise
l'hysope en
infusion pour
soulager la toux
et les maux
d'estomac.

**Posez les plantes aimant
le soleil** sur le plateau
supérieur et la menthe
en dessous. Fixez des pots
suspendus de fraisiers et
cucamelons aux poignées.

Répartissez
la charge pour
éviter que le
chariot ne bascule.

{ **Niveau 2** *moyen* }

Herbes et fruits
à cocktails

Impressionnez vos amis en leur servant des **cocktails** préparés avec des ingrédients frais maison, tels que de la **menthe**, des **cucamelons**, de l'**hysope** et des **fraises**, que vous aurez récoltés sur un **chariot à boissons**. Ce dernier est à la fois décoratif et pratique (voir projet page suivante).

Disposer les plantes à cocktails

Le chariot constitue un support idéal pour cette catégorie d'herbes, de fleurs et de fruits. Placez les cucamelons et l'hysope (*Agastache*) sur l'étagère du dessus ou la partie la plus ensoleillée du chariot. Les fraises et la menthe se plairont dans la partie basse, moins bien éclairée, ou dans des pots munis de crochets que vous pourrez suspendre à l'une des poignées. À défaut de chariot, posez vos plantes sur un grand rebord de fenêtre ou fabriquez une étagère suspendue (voir p. 48).

Tournez le chariot tous les deux ou trois jours pour assurer un éclairage uniforme.

Sélection d'herbes et fruits à cocktails

Cherchez sur Internet des recettes de cocktails à base d'herbes (voir aussi p. 65), puis choisissez les plantes que vous préférez. Les citrons, fraises et cucamelons font également de délicieux ingrédients et décors de cocktails.

Fraises
Optez pour une variété remontante qui produira des fruits tout l'été (culture et variétés, voir p. 172-173).

Menthe
Les menthes poivrée et verte sont les plus utilisées dans les cocktails, mais il y en a bien d'autres (culture, voir p. 66-67).

Cucamelons
Ces petits fruits oblongs ont un goût de concombre et de citron : mixez-les ou utilisez-les pour décorer (culture, voir p. 157-159).

Variez la recette du daiquiri en y ajoutant des fraises.

Infos culture en bref

3-4 heures en tout

Plein soleil ou mi-ombre

Arrosez tous les 2-3 jours.

Fruits : engrais 1 fois par semaine à partir de la floraison ; herbes : engrais tous les 15 jours

Récoltez les fruits à maturité et les herbes selon vos besoins.

Projet

Planter des herbes et fruits
pour un chariot à cocktails

Cultivez **herbes, fleurs et fruits** – comme ceux proposés ci-dessous – pour faire les **cocktails** que vous aimez boire. Pour rester dans le thème, installez vos plantes dans des **seaux à glace** ou posez les pots sur des **plateaux à boissons**.

L'hysope et la menthe sont vivaces ; gardez-les dans une pièce fraîche en hiver.

IL VOUS FAUT :

- **chariot à boissons** ;

- **1 plant d'hysope** ;

- **3-4 petits plants de menthe, dans des pots en plastique percés** (variétés et culture, voir p. 66-67) ;

- **3 fraisiers remontants, dans des pots en plastique percés** (variétés et culture, voir p. 169-173) ;

- **2-3 plants de cucamelons, dans des pots en plastique percés** (culture, voir p. 157-159) ;

- **terreau à base de terre végétale** ;

- **gravier fin** ;

- **terreau universel** ;

- **pots en plastique** ;

- **seau à glace et bac en zinc** ;

- **2 jardinières avec crochets à suspendre** ;

- **bombe de peinture or** (facultatif) ;

- **arrosoir muni d'une pomme**.

1 Plantez d'abord l'hysope, qui aime les sols perméables. Arrosez-la bien et laissez-la égoutter. Faites un mélange de 7 parts de terreau à base de terre et de 3 parts de gravier fin.

2 Mettez un peu de mélange terreux dans un grand pot en plastique pouvant aller dans le seau. Posez la plante et ajustez pour que la surface de la motte arrive à 1-2 cm du bord.

3 Dépotez l'hysope et posez-la dans le plus grand pot. Comblez le pourtour de la motte avec le mélange terreux et tassez pour éliminer les poches d'air.

Terminez par une couche de gravier.

4 Arrosez bien, puis couvrez la surface d'une couche de gravier (voir p. 201). Ce paillis décoratif contribue à maintenir l'humidité dans le terreau.

5 Dans un local bien ventilé, bombez la base du seau de peinture or. Laissez sécher, puis mettez l'hysope dans le seau et posez-le sur le chariot.

6 Arrosez les menthes et laissez égoutter. Bombez le bac en zinc, laissez sécher, puis mettez-y les menthes et posez-le sur le plateau inférieur, à l'avant.

7 Arrosez les cucamelons, laissez égoutter et mettez-les dans une jardinière munie de crochets. Suspendez-la à l'une des poignées en veillant à ne pas faire basculer le chariot.

8 Arrosez les fraisiers, mettez-les dans la seconde jardinière munie de crochets et suspendez-la à l'autre poignée. Arrosez régulièrement les plantes, en veillant à ce que le terreau ne soit jamais gorgé d'eau.

Recettes de cocktails

Martini fraise

Dans un blender, mettez des fraises, un peu de vermouth et de gin (ou de vodka), des glaçons et mixez. Servez décoré d'une fraise et d'un cucamelon.

Pimm's aux fruits

Versez du Pimm's et de la limonade dans une carafe. Ajoutez des fraises et des cucamelons coupés en deux, de la menthe et des glaçons.

Cocktails aux herbes et aux fruits

Menthe

Mentha sp.

Facile à cultiver, la menthe pousse bien à mi-ombre et demande peu de soins, mais elle s'étend rapidement. Pour éviter qu'elle étouffe ses voisines, plantez-la dans un pot à part.

Aromatique et rafraîchissante, la menthe poivrée est utilisée en infusion et pour parfumer des plats salés.

Menthe poivrée

Culture

Quand acheter ou semer

La menthe est une espèce caduque qui disparaît en hiver. Achetez de jeunes plants au printemps ou en début d'été. Pour favoriser la production de feuilles, rempotez-les aussitôt dans des pots plus grands remplis de terreau universel.

Lumière et température

Bien que préférant la mi-ombre et la fraîcheur, la menthe tolère plus de lumière et de chaleur si elle est fréquemment arrosée. Tournez les plantes tous les jours pour obtenir une silhouette équilibrée et aérez la pièce en été.

Arrosage

Arrosez la menthe quand la surface du terreau commence tout juste à sécher. Choisissez des pots assurant un bon drainage pour éviter le développement de maladies fongiques.

Entretien

Selon les variétés, la menthe peut atteindre 60 cm de haut, voire plus. Choisissez un emplacement qui ne gêne pas la croissance en hauteur. Si les feuilles pâlissent après un ou deux mois, apportez un engrais universel tous les dix jours environ.

Récolte

Pour récolter, attendez que la plante ait atteint 30 cm de haut. Coupez la partie terminale des tiges avec trois paires de feuilles environ.

Les tiges de la menthe indienne peuvent atteindre 1 m de long.

Menthe basilic

MENTHE BASILIC ▶
(*Mentha* x *piperita* f. *citrata* 'Basil')
Cette menthe au goût de menthe poivrée et de basilic relève de nombreux plats salés. Essayez-la aussi en pesto, en remplacement du basilic.
Hauteur : 60 cm

◀ **MENTHE INDIENNE**

(*Satureja douglasii*) Cette « fausse menthe » a des feuilles persistantes au goût mentholé. Ses tiges rampantes peuvent atteindre 1 à 2 m de long. Cultivez-la en suspension.

Sélection de variétés d'intérieur

Il existe des centaines de variétés de menthe, depuis la menthe verte et la menthe poivrée, très aromatiques, aux menthes présentant des saveurs de chocolat, basilic, pamplemousse ou encore pomme. Certaines ont aussi des feuillages colorés, comme la menthe ananas, panachée, et la menthe poivrée, presque noire. Toutes peuvent être cultivées à l'intérieur.

Menthe chocolat

Menthe pomme

Menthe citron

Menthe ananas

Côté cuisine

Usages variés

La menthe peut parfumer l'eau de cuisson des petits pois, les glaces et les salades. L'infusion de menthe est digestive.

Pour une sauce à servir avec de l'agneau, mettez des feuilles de menthe poivrée ciselées dans un bol avec un peu de sucre et d'eau bouillante, laissez refroidir, égouttez légèrement et ajoutez du vinaigre.

Pour des brochettes apéritives, enfilez sur chaque pique un cube de feta roulé dans un hachis de menthe, ciboulette et cumin, un cube de concombre, une olive noire et une feuille de menthe.

🔺 **MENTHE ANANAS**

(*Mentha suaveolens* 'Pineapple') Cette variété présente un léger goût d'ananas. Utilisez-la pour parfumer puddings et entremets, ou ajoutez-la aux salades de fruits. Son feuillage panaché est décoratif.
Hauteur : 20–30 cm

🔺 **MENTHE CHOCOLAT**

(*Mentha x piperita* f. *citrata* 'Chocolate') Une saveur associant menthe et chocolat fait de cette variété un ingrédient de choix pour les tisanes et desserts. Elle a un port compact et un beau feuillage foncé.
Hauteur : 30–45 cm

🔺 **MENTHE POMME**

(*Mentha suaveolens*) Fraîche et acidulée, cette menthe s'accorde parfaitement avec l'agneau. De grande taille, elle a des feuilles vert vif et un parfum délicieux.
Hauteur : jusqu'à 90 cm

🔺 **MENTHE CITRON**

(*Mentha x piperita* f. *citrata* 'Lime') Cette menthe a une saveur acidulée qui s'accorde au poisson et au poulet. Elle se prête aussi à la préparation de tisanes et de cocktails.
Hauteur : 40 cm

Facile à multiplier

Pour obtenir de nouveaux plants de menthe, coupez quelques tiges sur une de vos plantes et mettez-les à raciner dans un verre d'eau. Quand les nouvelles racines atteignent 2 à 3 cm, plantez les tiges dans du terreau. Gardez le substrat humide ; elles formeront rapidement de nouvelles pousses.

Brochettes apéritives

Créez un point focal en disposant les pots à différentes hauteurs – assurez-vous que vous pourrez facilement accéder aux plantes pour les arroser.

Suspendez vos vases près d'une fenêtre ensoleillée et tournez-les régulièrement.

Posez sur une table les plantes qui vont devenir hautes, comme la sauge ananas.

La menthe a besoin d'un grand vase pour bien pousser.

Niveau 2 *moyen*

Herbes en **vases** **suspendus**

Si vous n'avez pas d'appui de fenêtre pour poser vos herbes (voir p. 36-39), **cultivez-les** dans des **vases ou bocaux suspendus** au plafond, à côté d'une fenêtre (voir projet page suivante).

Un environnement favorable

Ces suspensions sont assez simples à réaliser, mais les contenants doivent être suffisamment grands pour que vos plantes puissent y pousser correctement. Vous pouvez peindre la base des contenants et les suspendre à différentes hauteurs pour créer une dynamique. Tournez de temps en temps les vases pour assurer une croissance équilibrée.

Les jeunes plants de thym, menthe, sauge et basilic se plairont en vases suspendus.

Autres contenants

Tout contenant à col large en verre ou en plastique faisant plus de 18 cm de haut peut être transformé en pot à herbes suspendu. Les plantes vigoureuses comme la menthe préféreront un pot plus grand. Si le poids est un problème, choisissez un contenant en plastique parmi la sélection proposée ci-dessous.

Les **objets du quotidien** tels que les bols en plastique, bocaux ou seaux en zinc peuvent être transformés en pots suspendus. Reportez-vous à la page suivante.

Infos culture en bref

2 heures, plus le temps de séchage de la peinture

Plein soleil 10-22 °C

Arrosez quand le terreau est sec en surface.

Apportez un engrais pour plantes vertes toutes les 2-4 semaines.

Prélevez les feuilles selon vos besoins.

Projet »

Réalisez des vases suspendus

Choisissez un vase **suffisamment profond** pour pouvoir superposer une **couche de drainage** et le volume de terreau nécessaire à la plante. **Suspendez-le** avec du câble électrique, pour un look contemporain, ou de la corde de jute, pour un style plus rustique.

Arrosez les herbes 2 ou 3 fois par semaine, sans détremper le terreau.

IL VOUS FAUT :

- récipient en verre, tel qu'un grand pot à confiture ou vase, avec un col d'environ 18 cm de large ;

- 10 m (ou plus) de câble électrique ou de corde de jute ;

- rondelle ou anneau métallique ;

- peinture pour verre (ou plastique, en fonction du contenant choisi – voir p. 69) ;

- morceaux de polystyrène, 1 poignée par pot ;

- gravier ;

- jeunes plants d'herbes (voir p. 40-41, 46-47, 66-67, 72-73, 74-75) ;

- terreau à base de terre végétale ;

- pitons à visser – le pot peut aussi être suspendu à une tringle de rideau.

1 Coupez quatre longueurs de câble (ou de corde) d'au moins 1,5 m – plus si votre plafond est haut. Avec un câble de 1,5 m, le vase sera suspendu à environ 65 cm du plafond. Pliez le câble, glissez le bout plié dans la rondelle et formez une boucle (ci-contre). Enfilez les extrémités du câble dans la boucle (ci-dessous).

2 Tirez le câble vers vous et serrez. Répétez l'opération avec les trois autres longueurs de câble pour former la base de la suspension.

3 Peignez la base du vase avec une peinture pour verre, sans chercher à obtenir un tracé droit. Passez deux couches en laissant sécher entre les deux.

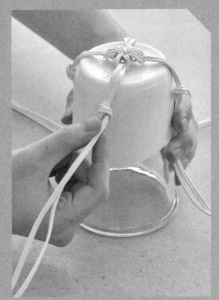

Nouez solidement l'extrémité des câbles.

4 Retournez le vase, appliquez la base de la suspension sur son fond et faites quatre nœuds simples sur les côtés comme indiqué ci-dessus.

5 Au sommet du vase, nouez ensemble un brin de câble avec un brin du câble adjacent. Répétez l'opération pour tous les câbles.

6 Retirez le vase. Mettez au fond des morceaux de polystyrène pour créer un réservoir pour le drainage (voir p. 28). Ajoutez une couche de gravier et un peu de terreau à base de terre végétale.

7 Arrosez l'herbe et sortez-la de son pot d'origine. Posez-la dans le vase et comblez le pourtour avec du terreau. Tassez légèrement avec les doigts pour chasser les poches d'air.

8 Mettez le vase dans la suspension et nouez ensemble tous les brins des câbles. Accrochez votre création à un piton vissé au plafond ou à une tringle de rideau. Arrosez quand le terreau est sec en surface.

Origan et persil

Origanum vulgare et *Petroselinum crispum*

Poussant aussi bien au soleil qu'à la mi-ombre, ces herbes décoratives se plairont sur l'appui de fenêtre intérieur d'une cuisine. Les feuilles aux saveurs spécifiques s'accordent à de nombreux plats salés, chauds ou froids.

Pour la récolte, cassez simplement le sommet des tiges.

Origan panaché (à gauche) et persil frisé

Culture

Quand acheter ou semer

L'origan est vivace et le persil bisannuel – il produit des feuilles la première année et fleurit la seconde. Achetez des jeunes plants en pots au printemps et rempotez-les dans un contenant d'une ou deux tailles au-dessus, dans un mélange de 3 parts de terreau à base de terre et 1 part de sable.

Lumière et température

Ces herbes se plairont sur un appui de fenêtre, mais arrosez-les plus souvent si elles sont au soleil. Ouvrez la fenêtre quand il fait très chaud. Elles tolèrent les nuits froides l'hiver.

Arrosage

Ces plantes redoutent l'humidité permanente. Arrosez quand le terreau est sec en surface. Utilisez des pots pourvus de trous de drainage et posez-les sur une soucoupe.

Entretien

Apportez un engrais liquide pour plantes vertes de mars à octobre. L'origan disparaît en hiver, mais repart au printemps ; rempotez-le s'il est trop à l'étroit. N'utilisez le persil que la première année, car les feuilles sont parfois amères la seconde.

Récolte

Récoltez l'extrémité des tiges de mai à octobre. N'en prélevez pas trop à la fois, sinon vous risquez d'affaiblir la plante.

Variétés d'origan d'intérieur

Selon les variétés, le feuillage peut être vert, panaché ou doré. Les tiges retombent joliment sur le bord du pot. L'origan s'accorde bien avec les viandes et les poissons.

ORIGAN DORÉ ▶
(*Origanum vulgare* 'Aureum')
Cet origan aux feuilles jaune vif produit des fleurs roses, comestibles, en été. Ajoutez-le aux pâtes et pizzas ou pour apporter de la couleur.
Hauteur et étalement : 45 × 45 cm

MARJOLAINE ▲
(*Origanum majorana*)
La marjolaine, ou origan des jardins, a des feuilles vertes et un goût plus doux que l'origan commun. Saupoudrez-en les viandes et poissons, avant ou après la cuisson.
Hauteur et étalement : 45 × 60 cm

VARIEGATED OREGANO ▶
(*Origanum vulgare* 'Country Cream')
Cette variété se distingue par un feuillage vert et blanc et un port plus compact que les autres variétés. Utilisez les tiges en décor et ajoutez les feuilles ciselées aux salades.
Hauteur et étalement : 30 × 30 cm

Variétés de persil d'intérieur

Il existe principalement deux sortes de persil. Cette herbe s'accorde à de nombreux plats salés et s'associe particulièrement bien à l'ail et à l'oignon.

PERSIL FRISÉ ▶
(*Petroselinum crispum*)
Ce persil à la saveur douce est utilisé pour relever les plats de poissons blancs.
Hauteur et étalement : 40 × 40 cm

PERSIL PLAT ▶
(*Petroselinum crispum* var. *neapolitanum*)
Le persil plat a une saveur plus prononcée que celle du persil frisé.
Hauteur et étalement : 60 × 60 cm

Côté cuisine

Cuisiner avec l'origan

Parsemez de feuilles d'origan une pizza maison tomate-mozzarella.

Faites griller du bœuf avec des tomates, un quartier de citron et de l'origan.

Cuisiner avec le persil

Préparez une persillade avec du persil ciselé et de l'ail écrasé et incorporez-la à vos plats mijotés.

Assaisonnez des feuilles de persil de jus et zeste de citron, d'huile de noix, de miel et d'huile et de graines de sésame.

Préparez du *raki soslu barbunya* : mulet turc assaisonné au raki (boisson anisée), citron et persil.

Raki soslu barbunya

Sauge et romarin

Salvia sp. et Rosmarinus officinalis

Les feuilles aromatiques de ces deux plantes arbustives persistantes se récoltent tous les ans du printemps à l'automne. Utilisez-les pour parfumer les plats à base de viande et de légumes.

Fertilisez régulièrement les herbes pour une croissance vigoureuse.

Sauge commune et romarin

Culture

Quand acheter ou semer

Le plus simple est d'acheter de jeunes plants de sauge et de romarin, disponibles toute l'année. Sortez les plants de leur pot et, si les racines sont très serrées, rempotez-les dans un contenant d'une ou deux tailles au-dessus, dans du terreau à base de terre mélangé à un peu de sable, pour améliorer le drainage.

Lumière et température

Ces plantes se plairont sur un appui de fenêtre ensoleillé. Il leur faut de la chaleur en été et un peu de fraîcheur en hiver, dans une pièce lumineuse. Ouvrez la fenêtre en été pour créer une ventilation.

Arrosage

Utilisez des pots percés pour permettre à l'eau de s'écouler. Arrosez quand le terreau est sec en surface. Il ne doit pas rester gorgé d'eau.

Entretien

Apportez un engrais liquide pour plantes vertes tous les quinze jours, de mars à octobre. Ces plantes vivant plusieurs années, rempotez-les au printemps dans un mélange de 3 parts de terreau à base de terre et 1 part de sable.

Récolte

Prélevez juste quelques sommets de tiges à la fois. Ne récoltez pas de feuilles en hiver, car ces plantes poussent peu et risquent de s'affaiblir.

Variétés de sauge d'intérieur

Associez des sauges colorées à des plantes fleuries pour créer un décor attrayant dans une pièce, ou cultivez-les sur un appui de fenêtre. La sauge est traditionnellement utilisée pour aromatiser le porc. Les variétés au parfum de cassis ou d'ananas conviennent aussi aux salades de fruits.

SAUGE 'ICTERINA' ▶
(*Salvia officinalis* 'Icterina')
Le feuillage vert panaché-doré est très décoratif en jardinière. Utilisez les feuilles comme celles de la sauge commune.
Hauteur et étalement : 30 × 45 cm

SAUGE POURPRE ◈
(*Salvia officinalis* 'Purpurascens')
Le feuillage pourpre foncé de cette sauge met en valeur les variétés à feuillage vert ; il a la même saveur que ces dernières. Idéal pour les viandes et farces.
Hauteur et étalement : 60 × 60 cm

SAUGE ◀ 'TRICOLOR'
(*Salvia officinalis* 'Tricolor')
Les feuilles gris-vert à bord crème sont teintées de rouge quand elles sont jeunes. Cette belle sauge a le même goût que la variété commune.
Hauteur et étalement : 30 × 45 cm

◀ SAUGE COMMUNE
(*Salvia officinalis*)
Les feuilles vertes sont les plus indiquées pour aromatiser le porc et les farces. Les fleurs sont aussi comestibles.
Hauteur et étalement : 60 × 60 cm

SAUGE À PETITES FEUILLES ▶
(*Salvia microphylla*)
Cette plante produit des feuilles à l'arôme de cassis et des fleurs rouges en été. Utilisez-la pour parfumer des cocktails.
Hauteur et étalement : jusqu'à 90 × 20 cm

SAUGE ANANAS ▶
(*Salvia elegans* 'Scarlet Pineapple')
Cette grande sauge donne des fleurs rouge vif en été. Les feuilles au goût d'ananas parfument glaces et entremets.
Hauteur et étalement : 90 × 45 cm

Variétés de romarin

Les trois principales sortes de romarin ont la même saveur, mais des silhouettes légèrement différentes. L'espèce commune (à droite) est un arbuste au port évasé. La variété Miss Jessopp's (*Rosmarinus officinalis* 'Miss Jessopp's Upright') a un port dressé plus fin tandis que le romarin rampant (*Rosmarinus officinalis* 'Prostratus') est plus étalé.

ROMARIN OFFICINAL ◈
(*Rosmarinus officinalis*)
Accompagne traditionnellement l'agneau, le poulet et le gibier.
Hauteur et étalement : 60 × 40 cm

Côté cuisine

Cuisiner avec la sauge

Pour accompagner des pâtes, **faites sauter** au beurre des feuilles de sauge ; ajoutez câpres et jus de citron.
Réalisez une salade de kiwis, ananas, bananes, oranges et sauge ananas.
Poêlez de la courge butternut à l'huile d'olive 40 minutes, ajoutez oignon et feuilles de sauge et laissez cuire encore 20 minutes.

Courge sautée à la sauge

Cuisiner avec le romarin

Faites sauter des pommes de terre avec du romarin et des gousses d'ail.
Ajoutez du romarin ciselé à de la sauce bolognaise et servez avec des pâtes fraîches.

Graines germées
et légumes-racines

Riches en éléments nutritifs, la plupart sont
faciles à faire pousser. Graines germées et
jeunes pousses sont prêtes à récolter en une
ou deux semaines ; carottes et autres racines
demandent plus de patience.

Généralités sur les graines germées et légumes-racines

Parmi les plantes de ce groupe, certaines comptent parmi **les plus faciles** et **rapides** à cultiver en intérieur, de quoi disposer **en permanence** de vos ingrédients favoris.

Service express

Les graines germées, haricots, pois ou autres, ne demandent ni terreau ni équipement. Elles sont précieuses pour le jardinier d'intérieur car ces petites « bombes » sont riches en saveurs comme en vitamines, minéraux et antioxydants. Très faciles à faire pousser, elles germent en quelques jours dans des bocaux en verre ou des germoirs.

Feuilletez le menu

En cultivant et cueillant vos propres légumes-feuilles, vous bénéficiez de saveurs et textures fraîches, d'une teneur optimale en vitamines. Si vous êtes impatient ou manquez de place, optez pour les jeunes pousses, une excellente solution pour des plantes comme le radis et le brocoli, prêtes à récolter en quelques semaines. Les pousses d'ail sont à conseiller aux débutants : il vous suffit de gousses d'ail et de petits pots en verre pour avoir des feuilles savoureuses.

Jusqu'aux racines

Vous serez sans doute surpris d'apprendre que certains de nos légumes-racines les plus populaires, comme la carotte et le radis, se prêtent à la culture en intérieur ! En les cultivant vous-même, vous pourrez choisir des graines de carotte pourpre ou radis blanc, rares en magasin. En surveillant les conditions de culture, vous bénéficierez de récoltes sans pesticides ni produits chimiques. Ces plantes apprécient des conditions lumineuses dans une pièce pas trop chaude. Arrosez tous les 1 à 2 jours si la température grimpe.

Les meilleures zones pour les graines germées et légumes-racines

La majorité de ces plantes demandant des conditions fraîches, de préférence dans les zones 2, 6, 7 et 8. Elles auront plus de mal en situation chaude et les radis, betteraves et salades risquent de monter en graine plus rapidement.

Zone 1

Fenêtres au sud
La plupart de ces cultures prennent trop de place pour un appui de fenêtre et y souffriront souvent du soleil. Ciboulette et oignons verts peuvent s'y plaire s'ils sont bien arrosés.

Zone 2

Fenêtres à l'est et à l'ouest
Un meilleur choix pour les salades à couper, jeunes pousses et graines germées. Beaucoup de lumière, mais moins de chaleur qu'en zone 1. Arrosez très régulièrement.

Zone 3

Sous une fenêtre de toit
Ces cultures se plaisent de l'automne au printemps sous une fenêtre de toit, mais l'emplacement est trop chaud en été. Arrosez régulièrement pour éviter le flétrissement.

Zone 4

Murs
Graines germées, jeunes pousses et champignons se plaisent sur des étagères fixées à un mur lumineux. Faites pivoter chaque jour les contenants pour un bon éclairement.

Zone 5

Coins sombres
Légumes-feuilles, oignons verts, radis et mini-carottes peuvent être cultivés dans ces coins sombres avec des lampes de culture, dont n'ont pas besoin les champignons.

Zone 6

Centre d'une pièce
Toutes les plantes se plaisent au centre d'une pièce lumineuse si elle n'est pas trop chaude. Jeunes pousses, salades à couper et champignons préfèrent éviter le soleil direct.

Zone 7

Pièce au sud fraîche (non chauffée)
Les conditions fraîches et lumineuses sont favorables aux plantes. Certaines graines y manquent de chaleur pour germer, mais les plants poussent bien ensuite.

Zone 8

Appui de fenêtre extérieur
Assez rustiques, ces plantes se plaisent sur un appui de fenêtre à l'est ou à l'ouest, même au nord pour les salades, mais les jeunes pousses préfèrent l'intérieur.

{ Niveau 1 facile }

Graines germées en bocaux

De culture facile, **ces graines** germent en quelques jours, offrant leurs **pousses nutritives**, à ajouter à toutes sortes de préparations savoureuses comme salades, plats cuisinés, jus et smoothies.

Les haricots mungo germés dans l'obscurité sont moins riches en nutriments que ceux germés à la lumière.

IL VOUS FAUT : • graines pour germoir ou à germer (voir nos suggestions p. 82-83) • bocaux ou pots en verre à col large • passoire fine ou tamis • mousseline • élastiques (pour les pots à confiture).

1 Placez des graines dans un bocal ou pot en verre sur moins d'un quart de la hauteur. Complétez avec de l'eau et laissez tremper pendant la nuit. Les graines gonflent en absorbant l'eau.

2 Éliminez l'eau avec une passoire fine (voir ci-dessus), en laissant les graines dans le bocal. Maintenez les graines humides pour qu'elles germent, mais sans excès pour éviter les maladies. Gardez le bocal à l'abri du soleil direct, près de l'évier, pour faciliter le rinçage des graines.

3 Entre deux rinçages, couvrez le bocal d'une mousseline maintenue par un collier à vis ou un élastique. Rincez 2-3 fois par jour jusqu'à la germination. Rincez et égouttez les graines germées, puis séchez-les sur du papier absorbant avant utilisation.

Achetez vos graines à germer chez un fournisseur spécialisé pour un grand choix de saveurs.

Une mousseline ou un linge protège de la poussière et des insectes.

Les graines germées sont prêtes dès qu'apparaissent de petites pousses.

Les graines germées se conservent une semaine au réfrigérateur après germination. Rincez-les bien sous l'eau fraîche avant utilisation.

Graines germées

Différentes espèces

Minuscules, les graines germées n'en sont pas moins riches en éléments nutritifs. Qui plus est, elles ajoutent saveurs et textures à vos plats, salades et sandwichs. Récoltées au bout de quelques jours, elles constituent le summum du fast-food !

Les graines germées se dégustent au bout de quelques jours... le bon choix pour les jardiniers impatients !

Culture

Quand acheter ou semer
Vous pouvez vous procurer toute l'année une grande diversité de graines à germer.

Lumière et température
Pour produire des graines germées en bocal, suivez la méthode décrite p. 80, ou procurez-vous (vente en ligne) des germoirs spécialement conçus à cet effet. Gardez bocaux ou germoirs à la lumière vive sans soleil direct. La plupart des espèces germent entre 18 et 21 °C.

Arrosage
Rincez deux fois par jour à l'eau claire jusqu'à la germination, qui a généralement lieu en quelques jours en conditions favorables.

Entretien
Ces cultures très courtes ne demandent pas d'entretien, mais ne les laissez pas en bocal plus de quelques jours après germination.

Récolte
Lorsque les graines germées sont prêtes, rincez-les et utilisez-les aussitôt, ou séchez-les sur du papier absorbant pour les conserver quelques jours dans une boîte étanche au réfrigérateur. Éliminez celles qui s'abîment.

Variétés d'intérieur

Le choix de graines est vaste, de l'alfalfa à la saveur douce au fenugrec au goût de curry. Vous trouverez en ligne des fournisseurs spécialisés à l'offre très large, certains avec des graines certifiées bio.

LENTILLE VERTE
Les lentilles, au goût de noisette, existent dans différentes couleurs. Ajoutez des lentilles germées à vos soupes, salades et plats cuisinés.

Lentille verte

BROCOLI
Ces graines germées parfumées sont riches en antioxydants. Elles préfèrent la fraîcheur, aussi faites un rinçage supplémentaire par temps chaud.

Brocoli

Côté cuisine

Si nutritives !

Ajoutez des graines germées à vos préparations, pour un bouquet de saveurs et éléments nutritifs ! Découvrez celles qui s'accordent le mieux avec vos plats favoris. **Ajoutez-en** quelques-unes dans le blender lorsque vous faites des smoothies de légumes. **Saupoudrez-en** omelette, pizza, sandwich ou wrap. **Incorporez-en** à des légumes sautés, salades et soupes. **Préparez** un sauté de légumes aux pousses de pois chiche.

Graines germées dans une feuille de vigne

ALFALFA

Elle est l'une des plus rapides à germer. Sa saveur douce et sa texture agréable sont idéales en garniture et pour les sandwichs.

POIS CHICHE

Les pois chiches germés sont riches en protéines et éléments nutritifs, un ajout précieux à nombre de plats chauds ou froids.

HARICOT MUNGO

Délicieux dans les salades ou légumes sautés, le haricot mungo à saveur fine et texture croquante est l'une des graines germées les plus populaires.

HARICOT AZUKI

Croquants et colorés, les azukis ont un délicat goût de noisette. Attendez que les pousses atteignent 1,5 cm pour les savourer crues.

Alfalfa

Pois chiche

Haricot mungo

Haricot azuki

Jeunes pousses dans des **moules à muffin**

Niveau 1 facile

Si riches en **nutriments**, si **faciles à faire pousser**, de jeunes pousses peuvent être semées toute l'année dans des moules à muffin en silicone (voir projet p. 86-87) sur un **rebord de fenêtre**. Une fois prêtes à récolter, présentez-les comme d'originaux **cupcakes végétaux**.

Les moules à muffin sont jolis et pratiques pour la culture des jeunes pousses. Peu avant la récolte, disposez-les sur un présentoir à gâteaux en centre de table.

Les jeunes pousses, qu'est-ce que c'est ?

Ces feuilles minuscules mais savoureuses sont simplement les jeunes plants de légumes que nous connaissons bien pour la plupart. Il suffit de deux ou trois semaines pour que les plants soient prêts à récolter, lorsqu'ils ont quelques feuilles. Des recherches ont montré que ces mini-plantes sont plus riches en nutriments que les végétaux plus développées, d'où l'intérêt de les cultiver.

Prenez des ciseaux pour couper les jeunes pousses juste avant de les consommer.

Des super-aliments
Comme elles sont consommées dès leur récolte, ces jeunes pousses ne perdent ni vitamines ni antioxydants. Utilisez-les pour relever salades et sandwichs par exemple, ou en garniture nutritive pour vos plats préférés.

Les jeunes pousses rouges de betterave se développent en quelques semaines.

10 minutes pour préparer et semer

Rebord de fenêtre ensoleillé 14-22 °C

Arrosez tous les 1-2 jours.

Engrais inutile

Récoltez quand les tiges ont 3-4 feuilles.

Projet »

Cultivez des **jeunes pousses** dans des moules à muffin

Les graines demandent **chaleur et lumière** pour germer, c'est pourquoi les pousses apparaissent **plus vite** au printemps et en été.

IL VOUS FAUT : • grands moules à muffin en silicone • ciseaux • terreau pour semis • vermiculite (facultatif) • sélection de graines • petit arrosoir à pomme fine ou bouteille d'eau • plateau pour recueillir l'eau • présentoir à gâteaux ou grand plat • petits ciseaux spéciaux (facultatif).

1 Pliez le moule à muffin en deux (des moules plus petits conviennent aussi, mais demandent plus d'arrosages) et découpez un petit trou dans le fond avec des ciseaux pointus.

2 Remplissez le moule de bon terreau de semis jusqu'à 5 mm sous le bord. Tassez délicatement le terreau du bout des doigts pour éliminer les poches d'air.

3 Semez densément en répartissant les graines à la surface du terreau. Veillez à ce qu'elles soient en contact avec le substrat et non les unes sur les autres. Pressez doucement du bout des doigts.

4 Couvrez les graines d'une fine couche de terreau ou vermiculite (qui laisse passer la lumière et retient l'humidité). Semez ainsi des graines différentes dans les autres moules.

Pour une meilleure germination, faites tremper la nuit précédant le semis les grosses graines comme celles de tournesol.

5 Placez les moules sur un plateau, arrosez en pluie fine, puis installez le tout sur un rebord de fenêtre. Faites pivoter les moules chaque jour pour une croissance régulière.

6 Arrosez tous les 1 à 2 jours pour garder le terreau humide, sans excès. Quand les pousses sont prêtes, disposez les moules sur le présentoir à gâteaux, puis récoltez selon vos besoins.

Semis échelonnés

Pour une récolte continue, vous pouvez renouveler les semis toutes les semaines, en godets ou moules à muffin, ou semer dans des pots plus grands pour récolter davantage. Autre option, prenez une terrine de semis, semez une moitié une semaine, l'autre la semaine suivante. Si vous préférez, semez une autre espèce sur la seconde moitié, à croissance plus rapide et qui sera ainsi prête à récolter à peu près en même temps que la première. Faites pivoter la terrine tous les jours pour que tous les plants reçoivent le même éclairement. En procédant ainsi, vous récolterez des jeunes pousses toute l'année !

Semis échelonné pour les jeunes pousses

Jeunes pousses

Différentes espèces

La culture idéale pour les petits appartements ! Il suffit de quelques pots et d'un appui de fenêtre ou plan de travail ensoleillé pour récolter ces petites feuilles. Variez les espèces pour multiplier les couleurs et saveurs à ajouter à vos salades et sandwichs.

Jeunes pousses de radis et betterave

Le radis à croissance rapide produit de petites feuilles épicées.

Les jeunes pousses de betterave sont colorées et savoureuses.

Comment les cultiver

Vous pouvez semer toute l'année les graines de jeunes pousses dans de petits godets en plastique ou des moules à muffin. La plupart germent en quelques jours (voir p. 86-87 comment procéder pour le semis). Gardez les pots en situation lumineuse et arrosez tous les 1 à 2 jours. Récoltez les jeunes pousses lorsque les tiges ont 2 à 4 feuilles.

GRAINES DE JEUNES POUSSES

PLANTE	RÉCOLTE EN...
RADIS	12 JOURS
MIZUNA	12 JOURS
MOUTARDE	14 JOURS
ROQUETTE	15 JOURS
BASILIC	15 JOURS
BETTERAVE	21 JOURS
AMARANTHE	21 JOURS
FENUGREC	21 JOURS
KALE	21 JOURS
CORIANDRE	21 JOURS

Variétés d'intérieur

Les fournisseurs spécialisés proposent souvent une gamme spéciale « jeunes pousses », mais vous pouvez aussi acheter des sachets de graines classiques de cultures légumières comme le radis, la betterave ou le basilic, car les graines sont les mêmes.

◀ BETTERAVE
Les tiges rouges portent des feuilles vertes ou rouges, avec la même saveur caractéristique que la racine... de quoi égayer salades et sandwichs.

KALE ▶
Les jeunes feuilles sont plus douces au goût que celles de la plante à maturité, mais aussi riches en nutriments. Saupoudrez-en soupes ou salades avant de servir.

AMARANTHE ROUGE ▲
Lumineuses, ces petites feuilles rouge vif égaient n'importe quel plat. Riche en vitamines et minéraux essentiels, le feuillage a le goût de la laitue.

◀ RADIS
À feuilles vertes ou rouges, les jeunes pousses de radis sont parmi les plus rapides à obtenir. Parsemez les jeunes feuilles épicées sur vos plats chauds ou froids.

FENUGREC ▶
Son parfum de curry apporte une touche épicée à un sandwich, une salade ou un plat de légumes. Dans la cuisine asiatique, il est utilisé pour faciliter la digestion.

BASILIC ▶
Un moyen facile de savourer le basilic sans se préoccuper de la durée de sa culture, pour agrémenter les plats d'inspiration méditerranéenne.

MIZUNA ▲
La saveur douce, légèrement poivrée des petites feuilles dentées relève les salades, ainsi que les plats de pâtes et ceux au curry.

◀ MOUTARDE 'RED FRILLS'
Ces feuilles rouge rosé apportent une saveur de radis et de raifort et une touche colorée dans les salades, légumes sautés et sandwichs.

Côté cuisine

Petits plats, petites feuilles

Saupoudrez des jeunes pousses de basilic ou mizuna sur une soupe de tomates.

Ajoutez une sélection de jeunes pousses sur un toast au fromage.

Relevez la saveur d'une omelette en la saupoudrant de jeunes pousses.

Mixez jeunes pousses, pêches gelées, bananes mûres, épinards et un peu d'eau pour un smoothie « bonne santé ».

En salade : jeunes pousses, orange, avocat, carottes râpées et noisettes pilées.

Soupe maison à la tomate avec du basilic

Montez les étagères près d'une fenêtre ou sous une fenêtre de toit. Les plantes du haut recevront la lumière naturelle.

Fixez des tubes fluorescents sous les étagères basses pour stimuler la croissance des plantes.

Ces étagères murales prennent peu de place tout en permettant la culture de toute une palette de plantes sous des lampes fluorescentes.

{ Niveau 3 avancé }

Transformez vos étagères en **mini-serre**

Les **tubes fluorescents** sont la solution idéale si votre intérieur manque de lumière naturelle pour y cultiver des plantes. Ils permettent de créer une mini-serre accueillant **toute une palette de plantes**. Ces tubes sont faciles à fixer sur des **étagères ordinaires** (voir projet page suivante).

Qu'est-ce qu'une lampe de culture ?

Les lampes de culture, ou de croissance, imitent la lumière solaire dont les plantes ont besoin pour se développer. Elles sont très utilisées en horticulture pour stimuler la croissance des plantes en hiver, mais il en existe aussi à usage domestique. Vous pouvez acheter des mini-serres équipées de lampes de culture ou en fixer sur des étagères.

Avant d'acheter des lampes, comparez la consommation des différents modèles.

Des cultures à essayer

Presque toutes se prêtent à la culture sous lampes de croissance. Si celles-ci sont fixées sous les étagères, il faut toutefois vous limiter à de petites plantes. Ce dispositif est parfait pour les graines de légumes qui germent à la lumière, les jeunes plants et les plantes basses.

Salades et jeunes pousses

Cultivez laitues et jeunes pousses dans des contenants longs pour occuper l'espace au mieux. La lumière artificielle stimule germination et croissance en toute saison, un bonus pour votre intérieur.

La 'Little Gem' est une mini-laitue romaine.

Bonnes herbes

Nombre d'aromatiques, comme la coriandre (ci-contre), le basilic, l'origan et le thym, se plaisent sur une étagère avec une lampe de culture.

Radis

Semez toutes les 2 à 3 semaines des petites plantes à croissance rapide, tels que les radis ou les oignons verts, pour récolter en continu du printemps à l'automne.

Infos culture en bref

1-2 heures en tout

Soleil voilé pour les étagères du haut

Arrosez tous les 2-3 jours.

Apports d'engrais selon les cultures

Récoltez laitues et jeunes pousses toute l'année.

Projet >>

Créez une **mini-serre**

Toute **étagère murale en bois** peut devenir une **mini-serre** (voir projet pages suivantes). Plus les meubles sont larges, plus vous pourrez cultiver de plantes. **Des étagères à hauteur réglable** sont un bon choix si vous souhaitez cultiver des variétés plus hautes.

N'utilisez que des contenants étanches pour éviter les fuites sur les étagères et dans les tubes fluorescents.

> **IL VOUS FAUT :** • étagères en bois • peinture bois (facultatif) • tube fluorescent de croissance pour chaque niveau de la « serre » • crayon • règle • quelques liens métalliques plastifiés • tournevis et vis M10 de 80 mm de long pour fixer les étagères au mur (si besoin).

Selon les lampes de culture, le système de fixation peut varier. Consultez la notice.

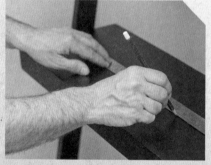

1 Retournez les étagères tout en veillant à leur stabilité. À l'aide du crayon et de la règle, mesurez la largeur de la face inférieure d'une étagère et marquez son milieu sur toute la longueur.

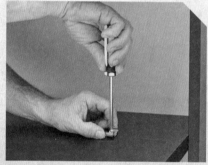

2 Centrez le tube fluorescent sur le repère tracé sous l'étagère. Marquez au crayon chaque extrémité du néon. Vissez les supports fournis avec le tube juste à l'intérieur de ces marques.

3 Répétez les étapes 1 et 2 pour chaque étagère à équiper d'une lampe de culture. Fixez ensuite chaque tube sur les supports en veillant à les orienter du même côté pour le branchement.

4 Lorsque tous les tubes sont en place sur les étagères, retournez celles-ci, puis mettez-les en place contre le mur, en en vissant certaines. Raccordez ensuite chaque tube à son câble d'alimentation, comme illustré.

5 Fixez les cordons d'alimentation à l'arrière des étagères avec les liens plastifiés. Ils seront ainsi maintenus en place sans risque de gêner. Une fois les tubes raccordés à une prise de courant, commencez vos cultures !

Éteignez les lampes de culture 8 à 10 heures par nuit pour imiter la lumière naturelle.

6 Vous pouvez installer ces étagères dans un coin sombre de votre intérieur, près d'une prise de courant. Si vous les placez près d'une fenêtre ou fenêtre de toit, les étagères supérieures recevront la lumière naturelle.

Comment disposer les plantes

Pour que vos cultures soient suffisamment éclairées, le sommet des plantes doit arriver à quelques centimètres du tube. Si la distance est trop importante, surélevez les contenants sur des verres ou autres, que vous enlèverez lorsque les plantes pousseront en hauteur. Les lampes de culture offrent des intensités différentes selon les modèles. Renseignez-vous à l'achat pour trouver le produit répondant à vos besoins.

Des verres retournés pour surélever les plantes

Suite du projet ≫

Semez des laitues
sous des lampes de culture

Semez et cultivez **laitues** ou autres légumes-feuilles dans un **contenant** long et **peu profond** sur une étagère équipée d'un tube fluorescent ou sur un appui de fenêtre lumineux mais sans soleil direct.

Les laitues ont une croissance rapide et seront prêtes à déguster 6 à 8 semaines après le semis.

IL VOUS FAUT : • contenant long et peu profond avec plateau pour recueillir l'eau • terreau universel • tuteur en bambou • graines de laitue • vermiculite • étiquettes • arrosoir à pomme fine • ciseaux affûtés.

1 Si le contenant n'a pas de trous de drainage, percez-en. Remplissez de terreau et tassez délicatement du plat de la main. Avec le tuteur, tracez deux sillons peu profonds, parallèles, dans la longueur.

Éclaircissez les plantules lorsqu'elles atteignent 4 cm.

2 Ouvrez le sachet de graines et versez-en un peu dans la paume de votre main. Avec le pouce et l'index de l'autre main, saupoudrez les graines dans les deux sillons préparés. Couvrez le tout d'une fine couche de vermiculite. Placez le contenant sur le plateau et étiquetez-le.

3 Humidifiez le terreau et placez le contenant sur une étagère équipée d'un tube fluorescent (p. 93). Maintenez le terreau humide, sans excès. Les plantules germent en une à deux semaines. Lorsqu'elles atteignent 4 à 5 cm, éclaircissez-les à 2 cm de distance.

4 Éclaircissez à nouveau les plants lorsqu'ils atteignent 7 cm, à 7 à 8 cm de distance si vous voulez récolter des laitues pommées. Les terreaux universels sont en général enrichis en engrais, aussi les apports sont inutiles pour les laitues. Si le terreau n'est pas enrichi, faites un apport d'engrais équilibré lorsque les plants atteignent 10 cm.

Commencez les apports d'engrais lorsque les plants atteignent 10 cm.

Culture sur un appui de fenêtre ou sous une fenêtre de toit

Vous pouvez semer des laitues en pot, sur un appui de fenêtre ou sous une fenêtre de toit. Semez clair dans des godets remplis de terreau universel, couvrez de vermiculite et gardez à la lumière. Pour un effet décoratif, placez les contenants dans de jolis cache-pots. Arrosez bien, puis éclaircissez quand les plants atteignent 7 cm, en en gardant 1 à 3 par pot (voir étapes 3 et 4) pour des laitues pommées.

5 Si vous cultivez des laitues dites à couper, récoltez toutes les feuilles en sectionnant les touffes à 4 cm de la base lorsque les feuilles atteignent 15 cm. Les souches donneront une seconde récolte. Si vous laissez vos laitues former des pommes, récoltez-les alors feuille à feuille selon les besoins. Le cœur continuera à produire de nouvelles feuilles.

Prenez des ciseaux affûtés pour récolter les laitues à couper.

Récoltez feuille à feuille les laitues pommées, selon les besoins.

Laitue sous fenêtre de toit

Laitues

Lactuca sativa

La laitue est souvent l'ingrédient principal de nos salades.
Il en existe de nombreuses variétés, surtout si vous les semez,
à saveur douce à légèrement amère, à texture lisse à frisée.

Culture

Quand acheter ou semer

Vous pouvez acheter des graines de laitue toute
l'année et des plants au printemps ou en été. Si
vous disposez de lampes de culture (p. 91), semez
en toute saison dans des pots remplis de terreau.
Sinon, semez toutes les 2 à 3 semaines de
mars-avril à septembre. La germination est rapide
et la récolte a lieu 6 à 8 semaines après le semis.

Lumière et température

La laitue aime les conditions fraîches
et ne germe pas au-delà de 25 °C, mais
de préférence en dessous de 21 °C. Un temps
chaud favorise aussi la montée en graine,
qui se traduit par un goût amer et
désagréable des feuilles. Gardez les laitues en
situation lumineuse mais sans soleil direct.

Arrosage

Maintenez le terreau humide, mais sans excès qui
favoriserait la pourriture. Pour éviter l'humidité
stagnante, l'idéal est de cultiver les laitues dans
des contenants munis de trous de drainage.

Entretien

Si vous semez dans du terreau de semis, pauvre
en éléments nutritifs, faites des apports d'engrais
liquide tous les 15 jours à partir de 6 semaines
de culture. Si vous avez semé dans un terreau
universel enrichi, commencez ces apports un peu
plus tard (pour les laitues à couper, voir p. 95).

Plantez 1 à 3 laitues
par pot de 20 cm
et récoltez feuille
à feuille.

Laitue 'Feuille de chêne verte'

Variétés d'intérieur

On distingue deux grands types de laitues : celles qui forment une pomme dense et celles aux feuilles à disposition lâche, appelées « laitues à couper », car la souche offre une seconde récolte si les feuilles sont coupées à quelques centimètres de la base.

◀ ROMAINE
Les romaines forment des pommes ovales denses, aux feuilles allongées et croquantes. Laissez-les se développer jusqu'à maturité ou récoltez les feuilles individuellement à partir d'une certaine taille.
Hauteur et étalement : 25 × 10 cm

'BATAVIA VERTE' ♠
Les batavias se distinguent par leurs feuilles à bord frisé, leur texture croquante et leur saveur de noisette. Éclaircissez les plants pour qu'ils forment de belles pommes récoltées à maturité.
Hauteur et étalement : 20 × 25 cm

'LITTLE GEM' ▶
Une mini romaine à maturation rapide à partir d'un semis de printemps, formant une petite pomme craquante. Éclaircissez les plants pour que ceux conservés puissent pommer sans se gêner.
Hauteur et étalement : 20 × 20 cm

'LOLLO ROSSA' ▶
Une laitue italienne à légère amertume, décorative avec ses pommes lâches de feuilles frisées, rouge foncé. S'utilise aussi en laitue à couper.
Hauteur et étalement : 15 × 25 cm

'FEUILLE DE CHÊNE VERTE' ♠
Laitue à pomme lâche, à feuilles frisées, à texture et saveur douces. À utiliser en laitue à couper ou à cueillir feuille à feuille à maturité. Vous pouvez éclaircir pour que les plants conservés forment des pommes.
Hauteur et étalement : 20 × 25 cm

◀ 'FEUILLE DE CHÊNE ROUGE'
Variété à pomme lâche et feuilles rouge sombre au goût un peu amer, précieuse dans les mélanges de salades. Utilisez-la en laitue à couper. Éclaircissez pour que les plants forment une pomme lâche.
Hauteur et étalement : 20 × 25 cm

Côté cuisine

Laitue à usages multiples

Enveloppez canard ou poulet épicé dans des feuilles de batavia craquante, en vous inspirant de la cuisine chinoise.

Jetez quelques feuilles de romaine dans un plat de légumes sautés, avec un peu d'ail et d'huile de sésame.

Préparez une *salsa verde* : feuilles de laitue à couper hachées, échalotes, aromates, piment, huile et zeste de citron.

Ajoutez quelques tranches de radis et d'avocat à de la laitue croquante, pour une salade fraîche.

Servez une salade César composée d'une base de laitue, avec des tranches de poulet et de fromage et quelques croûtons.

Salade César

Découpez une ouverture au centre d'une vieille table en bois pour y encastrer des plats en métal. Ils accueilleront vos salades.

Le pak-choï demande des arrosages très réguliers pour retarder la montaison.

Quelques pots de mizuna vous assurent une cueillette régulière.

Salades piquantes
en centre de table

Impressionnez vos invités en cultivant quelques petites **salades asiatiques** dans des plats en métal, intégrés au centre de votre table, pour un aspect décoratif et gourmand.

Salades de semis

Les légumes-feuilles asiatiques, comme le mizuna japonais, sont proposés en plants dans les jardineries, mais ils sont également faciles à cultiver à partir de semis (voir p. 204-205). Vous trouverez un choix de variétés plus vaste dans les catalogues de graines. Ces petites salades se plaisent hors de portée du plein soleil, aussi le centre de table offre-t-il des conditions idéales.

Conditions fraîches
Le mizuna préfère les pièces fraîches et demande des arrosages soutenus par temps chaud.

Salades asiatiques à découvrir

Les fournisseurs spécialisés en graines proposent toute une palette de légumes-feuilles asiatiques riches en nutriments. La plupart se plaisent en intérieur entre printemps et automne, demandant peu de soins, à part des arrosages fréquents et quelques apports d'engrais liquide.

Pak-choï
Ajoutez les jeunes feuilles dans les salades, les pommes entières dans les soupes et plats cuisinés.

Mizuna
Semez tous les 15 jours au printemps et en été et cueillez en continu les feuilles piquantes, pour les salades et soupes.

Mibuna
Épicée comme le mizuna, avec un semis et une culture faciles. Ajoutez les feuilles aux salades ou cuisez-les à la vapeur.

Infos culture en bref

4 heures en tout

Soleil tamisé

Arrosez tous les 1-2 jours.

Apportez de l'engrais liquide aux légumes-feuilles.

Récoltez les feuilles selon les besoins.

Projet »

Créez un **centre de table pour des salades**

Il vous suffit de quelques outils pour **adapter une vieille table** (ou un plateau en bois posé sur des tréteaux) et pouvoir ainsi **cultiver et présenter** toute une gamme de **petites salades asiatiques** pour agrémenter vos salades et plats de légumes.

IL VOUS FAUT : • vieille table ou plateau en bois • tréteaux (pour le plateau) • bacs alimentaires en acier inoxydable • crayon • règle • perceuse et tournevis électriques • scie sauteuse • lunettes et masque de protection • papier de verre • pots en plastique • gravier • terreau • plants de mizuna, mibuna et pak-choï.

Recherchez dans les brocantes ou dépôts-ventes une table en bois bon marché à transformer.

1 Alignez les bacs retournés au milieu de la table et mesurez leurs longueur et largeur. Soustrayez ces valeurs à celles des dimensions de la table, puis divisez les résultats par deux. Ces mesures finales permettront de placer les bacs au centre de la table. Tracez leurs contours sur la table.

Tracez au crayon le contour des bacs.

Tracez un rectangle un peu plus petit que le contour des bacs.

2 Tracez un rectangle à 5 mm des contours intérieurs. Une fois découpé, ce rectangle un peu plus petit permettra de caler les bacs au centre de la table sans qu'ils tombent.

3 Percez un trou dans un angle du rectangle avec une mèche à bois pour y passer la lame de la scie. Faites la découpe en portant lunettes et masque.

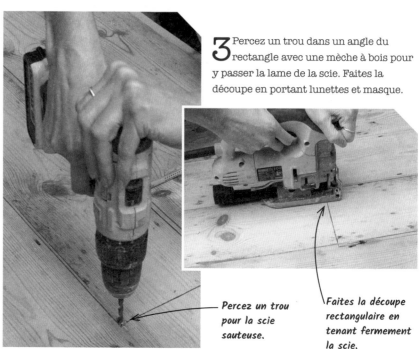

Percez un trou pour la scie sauteuse.

Faites la découpe rectangulaire en tenant fermement la scie.

5 Assurez-vous que les pots en plastique « tiennent » dans les bacs, puis garnissez-les de plants de mizuna, mibuna et pak-choï. Versez un peu de gravier au fond des bacs, puis mettez les pots en place.

Avant de scier, vérifiez la largeur du rebord des bacs pour qu'ils ne passent pas à travers !

4 Vérifiez que les bacs s'adaptent au rectangle. Si c'est trop juste, poncez les bords de la découpe. Poncez dans tous les cas pour éliminer les rugosités.

6 Ces plantes apprécient fraîcheur et lumière vive sans soleil direct. Un coin sombre ne leur convient pas, aussi placez la table près d'une fenêtre. Tournez les pots tous les 1 à 2 jours pour une croissance harmonieuse et arrosez quotidiennement. Cueillez les feuilles selon vos besoins ou laissez pommer les pak-choï pour les cuire.

Une option plus simple

Si vous ne disposez pas d'une table à personnaliser, plantez quelques salades dans une grande passoire. Tapissez-la de plastique, puis d'une couche de feutre pour suspension. Remplissez de terreau et plantez. Choisissez des salades de couleurs différentes pour une décoration de table. Arrosez tous les 1 à 2 jours et faites pivoter la passoire pour un éclairage homogène.

Salades dans une passoire

Niveau 1 facile

Têtes d'ail en culture

Placez quelques **têtes d'ail** au-dessus de l'eau et vous obtiendrez en quelques semaines des **pousses à saveur relevée**, à ajouter à vos soupes, plats cuisinés, salades et sandwichs.

IL VOUS FAUT : • têtes d'ail (de préférence bio) • petits verres à alcool ou verrines • ciseaux ou couteau tranchant.

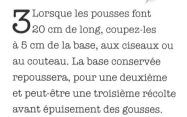

1 Pelez l'enveloppe de la tête d'ail pour dégager les gousses sans les séparer. Placez-la sur un verre, la base plate en dessous, l'eau affleurant à 1 ou 2 mm. Les premières racines apparaissent en quelques jours.

2 Gardez verres et têtes d'ail à la lumière vive dans la maison, sur un appui de fenêtre ou un plan de travail. Complétez le niveau d'eau tous les 1 à 2 jours. Chaque tête aura de nombreuses racines et des pousses vertes.

3 Lorsque les pousses font 20 cm de long, coupez-les à 5 cm de la base, aux ciseaux ou au couteau. La base conservée repoussera, pour une deuxième et peut-être une troisième récolte avant épuisement des gousses.

Cultivez ces têtes d'ail dans de petits verres ou verrines sur un appui de fenêtre bien éclairé. Veillez à maintenir un niveau d'eau constant pour les racines.

Coupez les premières pousses à 5 cm de la base et vous bénéficierez d'une seconde récolte !

Ciboulette et oignons verts

Allium sp.

Ces petites plantes appartiennent à la famille de l'oignon et produisent du printemps à l'automne. Feuilles et pousses à saveur douce ont de multiples usages culinaires.

Culture

Quand acheter ou semer

L'oignon vert se cultive en annuelle, acheté en plant ou semé. La ciboulette, vivace, repousse au printemps. Semez l'oignon vert dans des pots remplis de terreau de semis, toutes les 2 à 3 semaines, de mars à septembre, pour une récolte continue. Si vous achetez des plants, cultivez-les dans du terreau. Semez la ciboulette ou achetez-la en plant au printemps.

Lumière et température

Ces deux plantes sont faciles à cultiver en pot sur un appui de fenêtre lumineux (éviter l'exposition au nord). Elles supportent des conditions fraîches, mais poussent bien aussi dans une pièce chauffée.

Arrosage

Maintenez le terreau humide, mais non détrempé. Pour éviter l'humidité stagnante, utilisez des pots munis de trous de drainage, à placer sur des soucoupes ou dans des cache-pots étanches.

Entretien

Faites quelques apports d'engrais liquide, par exemple à base d'algues marines, pendant la croissance, pour que les feuilles soient vertes.

Récolte

Les oignons verts sont bons à récolter 6 à 8 semaines après le semis, la ciboulette dès que la touffe est assez développée, mais ne cueillez qu'une partie des feuilles pour que la plante se régénère.

Les fleurs de ciboulette sont tout aussi comestibles que les feuilles !

Ciboulette et oignon vert 'Apache'

Variétés de ciboulette d'intérieur

Ciboulette de nos jardins et ciboule de Chine produisent des feuilles récoltées d'avril à novembre si elles sont cultivées en intérieur. Évitez-leur les coups de chaud en été et arrosez en conséquence.

CIBOULETTE ▶
(*Allium schoenoprasum*)
Les feuilles ont une saveur douce d'oignon, de même que les fleurs roses, comestibles, qui apparaissent à la fin du printemps.
Hauteur : 30 cm

CIBOULE DE CHINE ▶
(*Allium tuberosum*)
Les feuilles de cette ciboule, plus épaisses, ont une saveur plus relevée que celle de la ciboulette, évoquant à la fois l'ail et l'oignon. Elles sont consommées crues ou cuites.
Hauteur : 50 cm

Variétés d'oignons verts d'intérieur

Les variétés diffèrent peu pour ce qui est du goût. Évitez celles à gros bulbes, qui réussissent mal en intérieur. Dans les catalogues de graines, l'oignon vert est présenté aussi comme « oignon blanc de printemps » ou « petit oignon ».

◀ 'WHITE LISBON'
(*Allium cepa* 'White Lisbon')
Une variété fiable, précoce, à longues tiges blanches et feuilles vert foncé, de saveur assez douce.
Hauteur : 25 cm

◀ 'PERFORMER'
(*Allium fistulosum* 'Performer')
Une variété de ciboule assimilée aux oignons verts, à feuilles vert foncé bien développées. Sa saveur douce est précieuse pour les salades et plats de légumes.
Hauteur : 30 cm

'APACHE' ▶
(*Allium cepa* 'Apache')
Un oignon de printemps à bulbe et base des tiges rouges, feuilles vert foncé, texture croquante, se prêtant très bien à la culture en pot.
Hauteur : 25 cm

Côté cuisine

Ciboulette en cuisine
Incorporez des feuilles hachées dans du beurre pour accompagner steaks, poissons et légumes.
Saupoudrez des feuilles hachées sur des oignons verts braisés.

Utiliser l'oignon vert
Hachez oignons verts, tomates, avocats et piment sur des nachos, puis saupoudrez de fromage râpé. Passez sous le gril pour faire fondre le fromage.
Mélangez oignons verts émincés, concombre et yaourt nature pour un dip parfumé.
Améliorez une soupe miso avec des nouilles, des bâtonnets de carotte et des lamelles d'oignon vert.

Soupe miso avec oignons verts

Cultivez radis et betteraves dans des pots munis de trous, sur des soucoupes. Installez-les sur un banc ou au sol, près d'une fenêtre ou porte-fenêtre.

Les feuilles des radis et betteraves peuvent être ajoutées aux salades ou cuites.

Un banc en bois devient un présentoir pour plantes.

Les radis sont bons à arracher au bout de 4 à 6 semaines.

{ **Niveau 2** moyen }

Légumes-racines en pots

Les **radis** croquants, à **croissance rapide**, sont **faciles à cultiver** en intérieur, en pot, près d'une fenêtre. Les **betteraves** demandent **plus de patience** et de soins pour déguster leurs racines savoureuses (voir page suivante).

Infos culture en bref

Choix du contenant

Un pot peu profond de 15 cm environ suffit aux radis ronds. Pour les variétés demi-longues comme 'Frenck Breakfast', optez pour un contenant un peu plus haut. Prévoyez au moins 25 cm de profondeur pour les betteraves. Installez ces contenants en situation aussi lumineuse que possible (une fenêtre exposée au nord n'offre pas assez de lumière).

Radis 'French Breakfast' dans une petite bassine en acier galvanisé

2-3 heures en tout

Plein soleil

Arrosez tous les 2 jours.

Choix de légumes-racines

Les variétés de radis sont nombreuses, mais les plus faciles et rapides à produire sont les petits ronds (voir d'autres variétés p. 110-111). Toujours pour la culture en intérieur, optez pour des betteraves à petite racine ronde.

Betterave 'Burpee's Golden'
Essayez cette betterave originale par sa peau orangée et sa chair jaune aux racines savoureuses, de la taille d'une balle de golf.

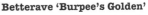

6-8 semaines après plantation, engrais légumes-feuilles pour la betterave

Radis 'Cherry Belle'
Les racines rondes de cette variété ont une peau rouge vif, une chair blanche, douce et croquante.

Récolte des radis 4-6 semaines après semis, 10-12 semaines après plantation pour les betteraves.

Testez cette betterave jaune râpée dans une salade.

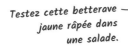

Betterave 'Boltardy'
Une variété populaire et précoce, peu sujette à la montaison, qui produit des racines rondes à chair délicieusement sucrée.

Betterave 'De Chioggia'
Cette jolie variété se distingue par ses petites racines rondes à anneaux concentriques blanc et rose.

Projet ≫

Cultivez **radis** et **betteraves** en pots

Ces savoureux légumes-racines se prêtent à une culture
d'intérieur entre **printemps** et **automne**. Vous pouvez les **semer**
ou planter de jeunes **plants** achetés au printemps en jardinerie.
Si vous avez assez de place, **semez des petits radis tous les
15 jours** pour récolter en continu des racines croquantes.

Arrosez les radis tous les deux jours pour éviter que les racines soient creuses.

IL VOUS FAUT : • 2 pots, l'un profond de 15 cm pour les radis, l'autre de 25 cm pour les betteraves • soucoupes
• graines de radis • plants de betterave en plateau alvéolé • terreau universel • arrosoir à pomme fine.

Semis de radis

2 Arrosez régulièrement
le semis tout en évitant
l'humidité stagnante.
Une dizaine de jours plus
tard, les plantules ont
quelques feuilles. Il est temps
d'éclaircir pour espacer
les plants de 2,5 cm.

1 Placez le pot sur sa soucoupe. Remplissez
de terreau universel humide jusqu'à 2 cm
du bord, puis tassez du plat de la main. Avec
un crayon, préparez deux sillons circulaires
d'environ 1 cm de profondeur. Versez les graines
de radis dans la paume d'une main, puis, de
l'autre main, saupoudrez les graines finement
dans les sillons. Essayez d'espacer les graines
de 5 mm. Couvrez de terreau, arrosez, puis
placez le pot près d'une fenêtre bien éclairée.

3 Arrosez tous les 2 jours,
tous les jours par temps
chaud et tournez souvent la
coupe pour un éclairement
homogène des plants, au
risque que certains s'étiolent.
Au bout de 4 à 6 semaines, les
racines émergent du terreau.
Arrachez-les en tirant sur
les feuilles. Ne laissez pas
les radis longtemps en pot
après maturité, sans quoi
ils deviennent durs.

Plants de betterave à repiquer

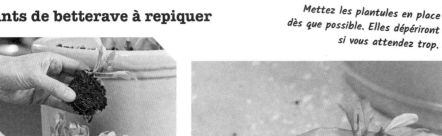

Mettez les plantules en place dès que possible. Elles dépériront si vous attendez trop.

1 Remplissez un contenant de terreau universel jusqu'à 2 cm du bord, puis tassez du plat de la main. Arrosez bien les plants et sortez une mini motte de son alvéole.

2 Séparez délicatement les plantules groupées, en essayant de ne pas abîmer leurs racines fragiles.

3 Faites un trou dans le terreau avec le crayon et insérez-y une plantule. Couvrez les racines de terreau. Répétez avec les autres, à 8 cm de distance.

4 Placez le pot à la lumière vive. Arrosez régulièrement et tournez le pot tous les 5 à 7 jours pour une croissance régulière. Récoltez les betteraves jeunes et tendres (4 à 5 cm de diamètre).

Radis

Raphanus sativus

Le modeste radis est le légume idéal pour les débutants ! Il germe rapidement, est bon à récolter un mois plus tard et est proposé en variétés colorées. Choisissez plusieurs d'entre elles pour épicer vos salades et crudités.

Culture

Quand acheter ou semer

Semez les petits radis de mars à août dans des pots remplis de terreau universel et renouvelez les semis. Il est rare de trouver des plants en vente car le semis est si facile que l'achat de plants est sans intérêt ! Semez les longs radis Mooli en automne dans un pot d'au moins 20 cm de profondeur.

Lumière et température

Les radis sont des plantes de conditions fraîches et germent difficilement au-delà de 21 °C. Pour un semis d'été, choisissez une pièce fraîche (18 °C si possible). Les radis Mooli demandent plus de fraîcheur encore, aussi cultivez-les en jardinière sur un appui de fenêtre extérieur plutôt que dans un intérieur chauffé.

Arrosage

Des arrosages réguliers sont indispensables, surtout par temps chaud, pour éviter que les racines ne se creusent.

Entretien

Éclaircissez les plants quand ils font 5 à 8 cm et portent quelques feuilles, pour les espacer de 2,5 cm. L'apport d'engrais est inutile, le terreau étant assez enrichi.

Récolte

Les radis sont très faciles à récolter : arrachez-les individuellement en tirant sur les feuilles lorsque les racines dépassent un peu du terreau.

Les radis requièrent des conditions fraîches et lumineuses.

Variétés d'intérieur

Vous pouvez cultiver toute une palette de variétés de radis chez vous, de saveur douce à piquante. Recherchez les couleurs inhabituelles, comme le noir, le blanc, le jaune ou le pourpre.

'SCARLET GLOBE' ⬠
Cette variété mérite d'être cultivée pour ses petites racines rondes, rouge vif, à chair tendre et saveur douce.
Hauteur et étalement : 15 × 10 cm

'ZLATA' ▶
Une variété inhabituelle à peau jaune, aux racines ovoïdes, à chair blanche, à saveur poivrée et texture croquante.
Hauteur et étalement : 15 × 10 cm

◀ **'SPARKLER'**
Ce radis développe des racines rondes, rouges à pointe blanche, à saveur douce, très décoratives dans les salades.
Hauteur et étalement : 15 × 10 cm

'AMETHYST' ▶
La coloration pourpre soutenu des racines contraste joliment avec des radis rouges. Sa saveur piquante et épicée relève salades et accompagnements.
Hauteur et étalement : 15 × 10 cm

◀ **'KULATA CERNA'**
Une variété peu courante, originale par sa peau noire et sa chair blanche. Les racines peuvent atteindre 5 à 8 cm de diamètre sans devenir dures. Elles gardent leur saveur durant leur conservation.
Hauteur et étalement : 15 × 15 cm

Radis 'French Breakfast'

'FRENCH BREAKFAST' ⬠
Une variété ancienne à racine demi-longue, à saveur relevée et texture croquante. La sélection 'French Breakfast 3' a une pointe blanche.
Hauteur et étalement : 15 × 10 cm

◀ **'MOOLI'**
Ce radis se distingue par ses racines au goût de navet, à manger crues ou cuites. Il se conserve bien. Semez en fin d'été et automne.
Hauteur et étalement : 15 × 15 cm

Côté cuisine

Recettes de radis

Coupez des radis en rondelles, couvrez de *salsa verde* et menthe hachée.

Coupez l'extrémité supérieure des radis assez gros et réservez-la. Évidez les « troncs » et garnissez-les de tapenade, puis remettez le « chapeau » et servez en apéritif.

Trempez le bout des radis dans du beurre ramolli, mettez au frais et servez avec de la fleur de sel.

Mélangez saumon fumé, dés de radis, oignon vert haché, yaourt et sauce au raifort, pour réaliser une entrée.

Émincez quelques radis à ajouter à une omelette au fromage ou au jambon peu avant de servir.

Saumon fumé et radis

Niveau 2 *moyen*

Carottes croquantes
en pots

Les carottes se prêtent **au semis** dans la maison, **sous forme de variétés colorées**, souvent orange (voir projet p. 113-114). Les conditions idéales sont une **pièce fraîche** et **très lumineuse**.

En intérieur, ces plantes ne craignent pas la mouche de la carotte, dont les larves dévorent les racines au jardin.

Croissance lente et régulière

La culture des carottes n'est pas faite pour les impatients, la plupart des variétés demandant au moins huit semaines avant maturité. Vous aurez cependant une belle récolte en été et en automne si vous semez en mars-avril, puis en été. Cultivez-les dans une pièce fraîche et lumineuse, dans des pots avec un bon drainage (voir p. 113), car les racines pourrissent en cas d'excès d'humidité.

Une variété en mélange permet une diversité colorée.

Racines colorées

Les carottes classiques, orange, ne sont pas chères en magasin, aussi préférez des variétés originales pour la culture en intérieur. Vous trouverez des variétés à racines blanches, jaunes, rouges ou pourpres. Recherchez aussi des mini-carottes rondes qui se contentent de coupes peu profondes. Vous pouvez grouper des variétés de différentes couleurs, mais assurez-vous qu'elles sont de longueur similaire, avec les mêmes conditions et durée de culture. Seaux en acier galvanisé, poubelles en plastique, pots larges et profonds font de parfaits contenants pour les carottes.

Consommez les plants éclaircis comme de mini-légumes.

Choisissez des mini-carottes rondes pour les contenants peu profonds.

Le fin feuillage des carottes est un atout décoratif au potager d'intérieur.

Associez joliment les pots de carottes et plantes aromatiques qui apprécient les mêmes conditions ensoleillées. Gardez le terreau humide, mais évitez l'eau stagnante.

Infos culture en bref

1-2 heures en tout

Plein soleil

Arrosez tous les 2-3 jours.

Engrais liquide équilibré tous les 15 jours

Récolte 8-20 semaines après le semis

Projet ≫

Cultivez des carottes en pots

Une **poubelle en plastique** percée de **trous de drainage** et placée dans un **contenant étanche** offre de **bonnes conditions de culture** aux carottes tout en apportant une touche décorative dans la maison.

IL VOUS FAUT : • seau en acier galvanisé ou récipient étanche similaire • poubelle en plastique à glisser dans le seau • perceuse • terreau universel et tamis • terreau de semis • arrosoir à pomme fine • engrais liquide équilibré.

2 Remplissez la poubelle ou le pot de terreau universel jusqu'à environ 8 cm du bord. Ajoutez si possible 1 à 2 cm de terreau de semis pour de bonnes conditions de germination. Semez finement les carottes en surface, puis couvrez de 1 cm de terreau de semis tamisé. Tassez le terreau du plat de la main.

Ouvrez les fenêtres dès que possible pour assurer aux carottes une bonne ventilation.

1 Choisissez un grand récipient étanche d'au moins 20 cm de profondeur pour les carottes de taille standard, 15 cm pour les mini carottes. Recherchez une poubelle en plastique ou un pot léger s'adaptant à l'intérieur du premier récipient. Retournez la poubelle et percez-y 5 trous de drainage à la base.

3 Glissez le pot ou la poubelle à l'intérieur du récipient étanche. Arrosez délicatement, avec l'arrosoir à pomme fine ou un vaporisateur manuel. Placez le tout dans une pièce fraîche recevant beaucoup de lumière. La germination demande quelques semaines.

4 Arrosez régulièrement, mais évitez tout excès d'humidité, mal toléré. Si vous arrosez trop par mégarde, extrayez le pot en plastique et laissez-le s'égoutter dans un évier ou dans la douche. Videz l'eau en excès du récipient étanche.

5 Lorsque les plants atteignent 10 à 12 cm, éclaircissez-les pour obtenir un espacement de 2,5 cm entre les plants conservés. Vous pouvez déguster les mini carottes arrachées crues et ajouter leurs feuilles aux salades et sandwichs.

6 Le feuillage continue à se développer, puis vous observez l'apparition de l'extrémité des racines hors du terreau. Elles sont prêtes à être arrachées au bout de 8 à 14 semaines de culture (plus pour certaines variétés).

Conditions fraîches

La germination des graines de carotte est optimale entre 15 et 21 °C tandis que les racines se développent bien dans une pièce à moins de 20 °C. Si vous cultivez vos carottes près d'une fenêtre, faites pivoter le contenant tous les 1 à 2 jours pour éviter l'étiolement des plants mal éclairés.

Apportez tous les 15 jours de l'engrais liquide équilibré (sauf si vous utilisez un terreau déjà enrichi en engrais – reportez-vous à l'emballage) et ne laissez pas le terreau sécher en profondeur, surtout en période chaude (voir aussi étape 4).

Carottes récoltées

Carottes

Daucus carota subsp. sativus

Ces légumes-racines savoureux sont amusants à cultiver en intérieur dans de grands contenants. Même si la récolte est limitée, la saveur des carottes « maison » mérite quelques efforts !

Culture

Quand acheter ou semer

Semez les carottes de mars-avril à juillet-août, pour récolter en été et en automne. Cultivez-les dans des pots d'au moins 20 cm de profondeur pour les variétés classiques, 15 cm pour les plus petites.

Lumière et température

Les carottes germent plus vite au chaud, aussi placez-les dans une pièce à 21 °C. Les plantules apparaissent en une à deux semaines. Poursuivez la culture dans une pièce moins chaude mais lumineuse.

Arrosage

Utilisez un arrosoir à pomme fine et arrosez dès que le terreau est sec en surface. Les carottes tolèrent une sécheresse passagère, mais pas l'humidité stagnante.

Entretien

Lorsque les plants font 10 à 12 cm, éclaircissez pour obtenir un espacement de 2,5 cm entre les plants conservés. Un mois plus tard, éclaircissez une nouvelle fois. Six à huit semaines après le semis, commencez des apports hebdomadaires d'engrais pour légumes-racines.

Récolte

Arrachez les carottes quand elles sont jeunes et tendres, douze à seize semaines après le semis. Arrachez-en une pour vérifier la maturité.

Certaines variétés très longues forment des racines plus courtes en pot, sans rien perdre en saveur.

Carottes 'Nantes'

Variétés d'intérieur

Il existe des centaines de variétés de carotte.
Vous pouvez opter pour les plus classiques ou, pour plus
d'originalité, pour des formes pourpres ou blanches.

'NANTES' ▶
Une carotte précoce, à racine à bout arrondi
et cœur tendre, à saveur douce et croquante.
Semez en fin d'hiver ou début
de printemps pour récolter en
fin de printemps ou début d'été.
Racine : jusqu'à 15 cm de long

◀ 'ST VALERY'
Une variété populaire à longues racines
effilées, bonne à récolter en fin d'été ou début
d'automne. Le semis de printemps demande
plusieurs mois pour parvenir à maturité, mais
ces racines savoureuses en valent la peine.
Racine : jusqu'à 20 cm de long

'WHITE SATIN' ▶
Ses racines
blanches ont
une texture
homogène,
une saveur douce,
proche de celle des
carottes classiques.
Elles restent blanches
à la cuisson, d'où
un effet décoratif
intéressant avec des
carottes classiques.
Crues, elles
sont également
délicieuses.
Racine : jusqu'à
20 cm de long

'PURPLE HAZE' ▶
Une belle variété
colorée riche
en antioxydants
et vitamine A. Si elle
perd couleur et
saveur intense à la
cuisson, sa racine
orange vif au cœur,
cerclée de pourpre, ne
passe pas inaperçue
servie en crudité.
Racine : jusqu'à 25 cm
de long

'ROYAL CHANTENAY' ▲
Les racines courtes et trapues de
cette variété sont tendres et se prêtent
très bien à la culture en pot. Semez
quelques pots toutes les 2 à 3 semaines
de mars à juillet pour récolter en continu.
Racine : 10 cm de long

Côté cuisine

Cuisiner les carottes

Tranchez des carottes et
servez-les crues avec
du houmous (pois chiches
mixés avec du jus de
citron, de l'ail, du sel,
du cumin et du tahini).

Remplacez le basilic par
des feuilles de carotte pour
un pesto à saveur douce.

Composez une salade très
originale avec carottes
râpées pourpres et
blanches, groseilles,
coriandre, menthe et
persil, parsemée de feta.

Servez des canapés
remarqués avec des
rondelles de carotte
pourpre garnies d'avocat
écrasé, fromage de chèvre
et noisettes concassées.

**Bâtonnets de carottes
et houmous**

Niveau 1 facile

Des **pleurotes** en 14 jours

Il est passionnant d'observer **jour après jour** la croissance des champignons ! Faites votre choix parmi les différentes espèces proposées en kit, y compris **les pleurotes**, pas si courants en magasin.

Infos culture en bref

13 heures en tout

Lumière vive sans soleil direct

Vaporisez 2 fois par jour.

Engrais inutile

Récolte après 2-3 semaines

IL VOUS FAUT :

- kit de culture pleurotes ;
- couteau tranchant ;
- grand seau ou cuvette ;
- brique propre ou autre objet lourd ;
- vaporisateur.

Optez pour un kit de culture comprenant un sac de substrat ensemencé avec du mycélium. Le substrat est souvent composé de marc de café recyclé (sous-produit de la production de café).

Boîte de culture

Vaporisateur — Kit de culture

1 Ouvrez le kit ou conservez-le jusqu'à un mois dans un endroit sombre et sec. Sortez-le de la boîte et entaillez la croix marquée sur le plastique.

2 Immergez le kit, croix vers le haut, dans une cuvette d'eau et lestez avec la brique. Faites tremper 12 heures, puis laissez égoutter.

3 Pressez le sac pour extraire eau et air, puis remettez-le en place dans la boîte. Dégagez l'ouverture prédécoupée à l'avant de la boîte.

Les pleurotes peuvent être récoltés quand les chapeaux commencent à se relever et dévoiler les lamelles. Pour une seconde récolte, répétez les étapes 1 à 4.

4 Deux fois par jour, vaporisez de l'eau au niveau de l'ouverture de la boîte, jusqu'à ce que les champignons soient prêts à être récoltés. Il ne se passera rien pendant une semaine, puis apparaîtront des champignons miniatures. Leur croissance sera ensuite rapide, car ils doublent pratiquement de volume chaque jour.

5 Pour récolter, saisissez délicatement le bouquet entier à la base, d'une main, puis tordez et tirez. Le « paquet » de pleurotes se détache alors facilement, prêt à être cuisiné.

Champignons

Différentes espèces

Vous pouvez cultiver toute une gamme de champignons chez vous, grâce à des kits ingénieux comportant tout ce dont vous avez besoin, surtout le mycélium qui va donner ces champignons savoureux !

Culture

Quand acheter ou semer

La plupart des kits permettent de produire des champignons en toute saison. Dans certains cas, le kit comprend un substrat, à ensemencer avec le mycélium fourni, mais le plus souvent le substrat est déjà ensemencé. Ce dernier peut être constitué de fumier, sciure, vermiculite, copeaux de bois ou marc de café.

Lumière et température

Les champignons n'ont pas besoin de lumière pour leur croissance, n'étant pas chlorophylliens, mais la plupart demandent une température de 20 à 21 °C pour le développement du mycélium.

Arrosage

La croissance des champignons nécessite beaucoup d'humidité. Vaporisez au moins deux fois par jour substrat et mycélium pour les humidifier.

Entretien

Vous pouvez conserver les champignons dans une pièce lumineuse, mais sans soleil direct. La notice d'utilisation des kits précise les conditions requises pour les différentes espèces.

Récolte

Saisissez délicatement le bouquet de champignons à la base, puis tournez en tirant. L'ensemble se détache facilement, prêt à être cuisiné !

Variétés d'intérieur

Certains champignons parmi les plus beaux et les plus exotiques sont faciles à cultiver à partir d'un kit, ce qui n'est pas le cas des classiques champignons de Paris, courants dans les supermarchés. Assurez-vous avant d'acheter ou commander un kit qu'il convient à la culture en intérieur.

SHIITAKE ▶
(Lentinula elodes)
Très cultivé en Chine et au Japon, ce champignon a une saveur de viande après cuisson. C'est un ingrédient essentiel de la soupe miso, des légumes sautés et de différentes sauces.
Longueur : 5-10 cm

◀ ENOKI
(Flammulina velutipes)
Ce champignon, aussi appelé collybie à pied velouté, offre une saveur douce et délicate ansi qu'une texture légèrement croquante. À consommer cru ou cuit dans de nombreuses préparations : salades, potages, soupes japonaises aux nouilles...
Longueur : 15 cm

PLEUROTE DU PANICAUT ▶
(Pleurotus eryngii)
Une espèce à tige épaisse et chapeau brun,
semblant sortie d'une bande dessinée, mais
qui cache une saveur délicate, très
différente de celle des autres
pleurotes. À essayer dans les
sautés de légumes ou de viandes,
ou même grillés.
Longueur : 15 cm

*Ces beaux
champignons
se développent
en quelques
jours à partir
de minuscules
« bourgeons ».*

◀ PLEUROTE EN HUÎTRE
(Pleurotus ostreatus)
De culture facile, ces
champignons gris, rouge rosé
ou bleus ont une légère saveur
de noisette et sont délicieux dans
les soupes ou sautés de légumes.
Longueur : 10-25 cm

**Pleurote
gris**

**Pleurote
rose**

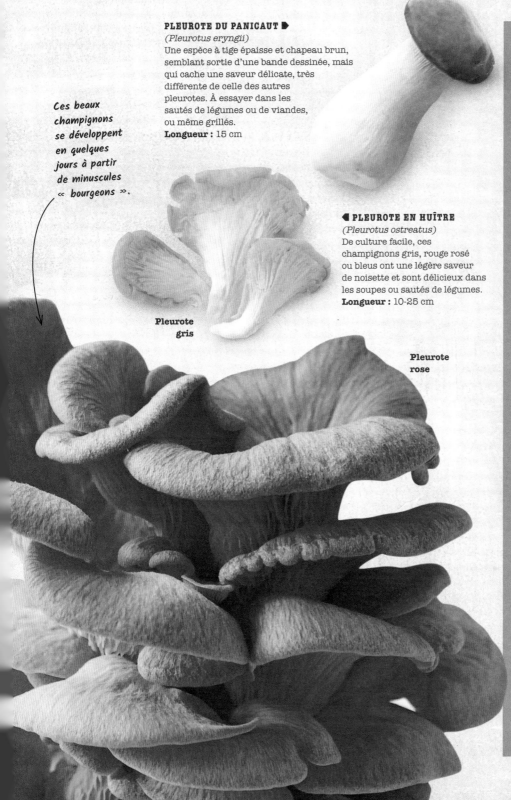

Côté cuisine

Champignons au menu

Coupez et éliminez
la moitié inférieure
d'un bouquet de
champignons enoki. Ajoutez
le reste dans une salade.

Préparez des champignons
à l'ail en faisant revenir
des pleurotes dans du beurre
avec de l'ail haché. Ajoutez
de la ciboulette ciselée
au moment de servir.

Pour une soupe miso,
ajoutez des champignons
shiitake émincés à un
bouillon fait de pâte miso,
poivrons, oignons verts
et cubes de tofu.

Faites revenir pleurotes,
oignons verts et pak-choï,
puis ajoutez piment et sauce
soja et servez avec des
nouilles de sarrasin.

Pleurotes sautés

Légumes-fruits

Tomates, aubergines, concombres et poivrons sont des légumes-fruits que vous pouvez cultiver en intérieur. Ils demandent beaucoup de soleil ; une pièce baignée de lumière est donc indispensable.

Généralités sur les légumes-fruits

Qu'est-ce qu'un légume-fruit ? Il s'agit d'un fruit au sens botanique du terme, **issu d'une fleur** et abritant des **graines**, consommé comme légume, en salade ou après cuisson.

Décoratifs et productifs

Ces légumes-fruits sont plaisants à cultiver. Si leur maturation demande plus de patience que la plupart des légumes-feuilles, leur aspect décoratif en fait des plantes dignes d'intérêt pour un appui de fenêtre ou une pièce ensoleillée. Les plantes fleurissent entre le printemps et l'été, puis forment des fruits. Elles demandent des apports réguliers d'engrais pour obtenir de belles récoltes. Avant de planter concombre ou tamarillo, encombrants, assurez-vous que vous disposez de l'espace nécessaire.

Des saveurs saines

Outre la saveur incomparable des cultures « maison », les légumes-fruits sont bénéfiques pour la santé. Les tomates sont riches en minéraux et vitamines A, C et E, ainsi qu'en lycopène, pigment naturel qui leur donne leur couleur. Des études ont montré que cet antioxydant a un effet bénéfique pour les os et diminue le risque de certaines maladies, dont le cancer. Les concombres sont une source de vitamine K, qui favorise la coagulation sanguine, tandis que le poivron contient plus de vitamine C au gramme que l'orange ! Tous ces légumes sont peu caloriques mais riches en fibres. Un régime alimentaire abondant en légumes-fruits est synonyme de santé et vitalité.

Leurs multiples utilisations en cuisine, outre leur apport en vitamines et minéraux, optimal lorsqu'ils sont consommés frais, en font d'excellents choix pour votre potager d'intérieur. Toutes les plantes présentées dans ce chapitre demandent beaucoup de soleil pour la maturation de leurs fruits. Adoptez-les si votre intérieur reçoit quantité de lumière naturelle.

Les meilleures zones pour les légumes-fruits

Comme la plupart des cultures donnant des fruits, ces légumes sont grands amateurs de soleil et de chaleur, et donc destinés en priorité aux zones 1, 2 et 3. La plupart apprécient par ailleurs d'être cultivés dehors en été.

 Zone 1

Fenêtres au sud
Ces plantes adorent soleil et chaleur près d'une fenêtre au sud. Installez tomates cerises, poivrons et piments sur un appui de fenêtre, les grands sujets près d'une porte-fenêtre ou baie vitrée.

Zone 2

Fenêtres à l'est et à l'ouest
La plupart des légumes-fruits peuvent aussi produire à proximité d'une grande fenêtre à l'est ou l'ouest, si elle n'est pas ombragée par des arbres ou constructions.

Zone 3

Sous une fenêtre de toit
Les légumes-fruits se plaisent aussi sous une fenêtre de toit, surtout si elle est complétée par une fenêtre verticale. Arrosez tous les jours s'il fait très chaud dans la pièce.

Zone 4

Murs
Sauf si le mur reçoit la lumière directe en été, les plantes auront du mal à fructifier et parvenir à maturité. Préférez un emplacement plus lumineux pour une belle récolte.

 Zone 5

Coins sombres
Ces emplacements ne sont envisageables qu'avec des lampes de culture. Préférez alors les tomates cerises, piments et poivrons, qui s'adaptent à ces conditions.

 Zone 6

Centre d'une pièce
Tomates à gros fruits et concombres se développent et fructifient au centre d'une pièce très ensoleillée, donnant au sud, mais à ces conditions uniquement.

Zone 7

Pièce au sud fraîche (non chauffée)
Ces cultures auront du mal à « démarrer » au printemps dans une pièce non chauffée, mais à partir de la fin du printemps, la lumière vive stimulera la croissance des plantes.

 Zone 8

Appui de fenêtre extérieur
Les légumes-fruits ne supportent pas les températures basses. Ne les installez à l'extérieur que lorsque tout risque de gel nocturne est écarté, à partir de mai-juin.

Détachez la suspension tous les 8 jours pour vider l'eau en excès au fond du saladier.

Accrochez la suspension au plafond par un crochet. Choisissez un emplacement ensoleillé, facile à atteindre pour les arrosages et apports d'engrais.

'Chilly Chili' est une petite variété qui se couvre de fruits orangés et rouges en été.

Niveau 3
avancé

Basilic et piments

Accrochée au-dessus d'une table, cette **suspension garnie de piments et basilic** à petites feuilles, décorative et gourmande, est parfaite si **l'espace au sol manque** (voir projet page suivante).

Saladiers en suspensions

Les saladiers ou bols mélangeurs en plastique ou métal font des suspensions pratiques et bon marché pour la maison, mais vous pouvez utiliser tout récipient étanche, robuste et léger. Suspendez-les par des chaînes métalliques (proposées pour les suspensions classiques, voir page suivante) ou par un porte-suspension en macramé.

Sélection d'aromatiques et piments

Certains piments prennent un port arbustif, aussi recherchez pour ce projet une variété naine (ci-dessous). Basilic à petites feuilles ou thym sont des aromatiques compacts.

Cueillez les piments mûrs pour stimuler la formation de nouvelles fleurs et donc de fruits.

Basilic à petites feuilles
Bien qu'à petites feuilles, ce basilic est plus facile à cultiver que la variété classique.

Thym
Vous pouvez remplacer le basilic par du thym. Pincez les tiges pour une croissance buissonnante.

Piment 'Apache'
Cette variété produit des piments verts forts, qui virent au rouge à maturité. Pincez l'extrémité des jeunes tiges pour garder un port compact.

Piment 'Prairie Fire'
Une forme compacte qui se couvre tout l'été de centaines de petits piments colorés, à saveur brûlante.

Projet >>

Plantez une **suspension de basilic et piments**

Réalisez ce projet en **mai ou juin**, quand les plants de piment et basilic sont assez **petits** pour être glissés dans les **trous du panier**. Si vous abîmez **feuilles** ou **pousses**, coupez-les avec des ciseaux et la plante reprendra vite une croissance vigoureuse.

Quand le piment fleurit, faites des apports hebdomadaires d'engrais pour tomate.

IL VOUS FAUT :

- panier suspendu métallique, fibre de coco, attaches ;
- petite bouteille en plastique ;
- brochette en métal ;
- ciseaux affûtés ;
- 5 plants de piment nain et 5 de basilic à petites feuilles ;
- chiffon de cuisine ;
- saladier ou pot comme support ;
- terreau universel enrichi en engrais et additionné de vermiculite ;
- saladier en métal de même diamètre que le panier ;
- saladier ou bol en plastique à glisser dans le saladier en métal ;
- morceaux de polystyrène ;
- planche à découper ou autre morceau de bois ;
- 10 morceaux de fil métallique ;
- 3 chaînes en acier galvanisé, de 1 m environ selon la hauteur d'accrochage, et gros anneau à rideau ;
- crochet à fixer au plafond et crochet de boucher.

1 Découpez le fond d'une petite bouteille en plastique passant à travers les mailles du panier. Laissez le bouchon en place. Chauffez l'extrémité de la brochette en métal et percez quelques trous sur les côtés de la bouteille. Insérez-la ensuite à la base du panier retourné.

2 Découpez aux ciseaux 10 entailles en croix régulièrement réparties dans la fibre de coco, ainsi qu'un trou pour la bouteille. Tapissez le panier de feutre.. Entourez les tiges d'un plant de piment avec le chiffon, puis glissez le plant dans une entaille, les racines à l'intérieur.

3 Dégagez le chiffon, puis placez le panier sur le support prévu (saladier ou pot), le plant pendant à l'intérieur pour qu'il ne s'abîme pas. Insérez ensuite de la même façon, un à un, dans chaque entaille en croix, les plants de basilic et piment.

4 Remplissez le panier de terreau universel enrichi en engrais et vermiculite pour combler les vides entre les plants, jusqu'au bord. Tassez du plat de la main pour éliminer les poches d'air résiduelles.

5 Percez 4 à 6 trous au fond du saladier en plastique, puis 8 à 10 autres autour, sous le bord, avec la brochette chauffée. Remplissez à mi-hauteur de polystyrène, puis du mélange terreau-vermiculite, en tassant. Rajoutez-en un peu pour former un petit dôme.

6 Placez la planche sur le panier et retournez l'ensemble. Posez la planche sur le saladier, puis faites-la glisser de façon à ce que le panier soit centré. Si la bouteille dépasse, enfoncez-la dans le terreau.

7 Passez une longueur de fil métallique dans un trou sous le bord du saladier, puis faites une boucle pour assembler en ce point saladier et panier. Nouez solidement le lien, puis répétez l'opération à chaque trou.

Accrochez la suspension sous une fenêtre de toit ou près d'une fenêtre ensoleillée et tournez-la chaque semaine.

8 Fixez une attache pour panier suspendu à l'extrémité de chaque chaîne ainsi que sur l'anneau de rideau. Placez le saladier en plastique dans celui en métal et posez l'ensemble sur le pot servant de support.

9 Positionnez l'anneau à la base de la suspension, répartissez les chaînes sur les côtés, puis rassemblez-les au-dessus. Fixez l'extrémité des chaînes au crochet de boucher, puis accrochez la suspension au plafond. Arrosez tous les 1-2 jours en versant l'eau dans la bouteille.

Piments

Capsicum sp.

Les fruits colorés que portent ces belles plantes de la mi-été à l'automne sont les ingrédients essentiels de nombreux plats épicés, des curries indiens aux sautés asiatiques.

Les petits piments virent du pourpre au rouge à maturité.

Piment 'Loco'

Culture

Quand acheter ou semer

Les piments ayant une longue croissance, semez sous mini-serre chauffée dès février. Une lampe stimule la croissance en fin d'hiver. Une autre option consiste à acheter des plants au printemps, mais le choix est moindre. Rempotez les plants dans du terreau universel.

Lumière et température

Les graines ont besoin de chaleur pour germer, 25-30 °C dans la journée et plus de 15 °C la nuit. La germination des piments les plus forts, comme les Habanero, peut demander plusieurs semaines. Toutes les variétés requièrent le plein soleil pour fructifier.

Force des piments

Les piments contiennent de la capsicine, substance dont le pouvoir irritant se traduit par une sensation de brûlure. La force des piments est mesurée par l'échelle de Scoville (unité SHU) :

- Doux : jusqu'à 5 000 SHU
- Moyen : 5 000-35 000 SHU
- Fort : 35 000-100 000 SHU
- Très fort : 100 000-500 000 SHU
- Brûlant : 500 000 SHU

Arrosage

Arrosez les plants peu et souvent, de façon à maintenir le terreau légèrement humide, mais sans humidité stagnante.

Entretien

Gardez les plants au chaud. Rempotez dans des pots plus grands et tuteurez quand nécessaire. Faites des apports hebdomadaires d'engrais riche en potasse dès le début de la floraison.

Récolte

Coupez les piments au sécateur. Consommez-les frais, congelez-les entiers ou faites-les sécher sur une ficelle, dans une pièce chaude.

Variétés d'intérieur

Il existe différentes espèces de piment, du brûlant piment antillais (*Capsicum chinense*) au piment Aji (*C. baccatum*) d'Amérique du Sud, non moins fort, ou aux variétés de *C. annuum*, douces à plus ou moins fortes. Protégez-vous en portant gants et lunettes lorsque vous préparez des piments forts.

'CAYENNE' ▶
(*Capsicum annuum* 'Cayenne')
Un piment classique de saveur moyenne à forte (30 000-50 000 SHU), à longs fruits fins, ridés, virant du vert au rouge à maturité, sur de grandes plantes. À consommer crus ou cuits. **Hauteur et étalement :** 90 × 60 cm

'JALAPENO' ▲
(*Capsicum annuum* 'Jalapeno')
Ces piments verts mexicains, coniques, pas trop forts, sont cueillis verts ou rouges à maturité, parfaits pour les pizzas et les plats mexicains. Force des fruits : 2 500-8 000 SHU.
Hauteur et étalement : 75 × 50 cm

'LOCO' ▲
(*Capsicum annuum* 'Loco')
La plante compacte porte de petits fruits ovoïdes, pourpres puis rouges à maturité. Excellent choix pour un appui de fenêtre ensoleillé. Fruits modérément forts (24 000 SHU).
Hauteur et étalement : 30 × 40 cm

'DORSET NAGA'
(*Capsicum chinense* 'Dorset Naga')
L'un des plus forts qui soient (plus d'un million de SHU !), ce piment antillais produit des fruits ronds, gaufrés, vert clair puis rouges à maturité.
Hauteur et étalement : 75 × 50 cm

'AJI AMARILLO' ▶
(*Capsicum baccatum* 'Aji Amarillo')
Ce piment natif du Pérou a des fruits oblongs, verts puis jaune orangé à maturité, au goût fruité et fumé, assez forts (30 000-50 000 SHU), portés sur une plante compacte.
Hauteur et étalement : 60 × 50 cm

'LEMON DROP'
(*Capsicum baccatum* 'Lemon Drop')
Un piment fort (30 000-50 000 SHU), à saveur légèrement citronnée. Les petits fruits fins virent du vert au jaune à maturité.
Hauteur et étalement : 60 × 50 cm

'CHILLY CHILI' ▶
(*Capsicum annuum* 'Chilly Chili')
Les petits fruits verts virent au jaune, orangé et rouge foncé à maturité. Ils sont doux (2 000-5 000 SHU), parfaits pour ceux qui se contentent d'un peu de chaleur !
Hauteur et étalement : 30 × 35 cm

Côté cuisine

Allumez le feu !
Farcissez des piments doux (épépinés) avec un mélange de fromage frais, comté râpé et herbes hachées. Arrosez d'huile et passez sous le gril jusqu'à ce qu'ils soient mous.

Hachez tomates, piments épépinés, oignons et coriandre. Ajoutez jus de citron et huile d'olive, puis mixez pour obtenir une sauce épicée.

Sauce piment et tomate

Faites mariner de gros piments épépinés dans du rhum, ajoutez de la ganache au chocolat, arrosez de chocolat noir fondu…

Faites revenir des piments entiers, saupoudrez de fleur de sel et servez en tapas.

Une **bassine en acier galvanisé** est un excellent choix pour cultiver des légumes-fruits qui demandent de la place. Les poignées facilitent le déplacement.

Vérifiez avant toute plantation que le contenant est étanche.

Niveau 3
avancé

Mélange méditerranéen

Groupez les plantes qui ont les **mêmes conditions de culture** et arrivent **à maturité simultanément** pour composer un petit **potager coloré** chez vous (voir projet page suivante) ! Veillez à un entretien attentif jusqu'à ce que les légumes-fruits soient prêts à être récoltés. Vous ne regretterez pas vos efforts !

Une vie au soleil

Les légumes-fruits tels que les tomates, poivrons et aubergines, cultivés en abondance dans les régions méditerranéennes et ingrédients essentiels de la cuisine locale, demandent chaleur et soleil pour fructifier. Choisissez un emplacement proche d'une baie vitrée donnant au sud ou sous une fenêtre de toit et un contenant permettant un excellent drainage, des conditions essentielles pour la réussite de vos cultures. Si vous n'avez pas assez de place pour tout le groupe, contentez-vous d'une ou deux plantes dans de grands pots sur un appui de fenêtre ensoleillé et suivez les conseils de culture présentés page suivante.

Lorsque les fleurs se forment, donnez une fois par semaine un engrais riche en potassium.

Choisissez vos plantes

Il existe toute une palette de légumes-fruits parmi lesquels choisir, mais assurez-vous lors de l'achat des plants que les espèces et variétés repérées conviennent à l'espace prévu. Vous pouvez y ajouter un piment en pot, car il apprécie les mêmes conditions de culture.

Les aubergines greffées résistent aux maladies.

Aubergines
Les plants ne dépassent généralement pas 75 cm de hauteur et se plaisent en intérieur. Choisissez entre variétés blanches, violettes ou striées.

Les tomates cerises offrent une récolte abondante.

Tomates
Les petites tomates cerises, souvent plantées en suspension, ou les tomates en grappes sont parfaites pour ce projet.

Poivrons
Les poivrons se déclinent dans toute une gamme de formes, tailles et teintes. Les plus grandes variétés demandent un tuteurage en cours de culture.

Essayez un poivron long, de type italien.

Infos culture en bref

4-6 heures en tout

Plein soleil

Arrosez tous les 2-3 jours.

Engrais riche en potasse, 1 fois par semaine

Récolte 12-16 semaines après plantation

Projet »

Plantez un **mélange méditerranéen**

Les légumes-fruits choisis ici sont tous cultivés dans des **pots séparés**, groupés à l'intérieur d'une grande bassine en acier galvanisé. Chaque plante dispose ainsi d'un **volume suffisant de terreau** pour sa croissance. Elles peuvent être éliminées une à une en fin de saison de production.

Sans insectes pour polliniser les fleurs, c'est à vous de faire le travail (voir p. 207).

IL VOUS FAUT :

- un grand contenant de type bassine, plus une bâche plastique (ou grand sac-poubelle robuste) pour tapisser le fond s'il n'est pas étanche ;

- petit sac de gravier ;

- grand sac de copeaux et morceaux de polystyrène ;

- plusieurs pots en plastique, d'environ 20 cm de diamètre, pour les plantes ;

- terreau universel ;

- plants de tomate, aubergine et poivron en nombre suffisant pour les pots en plastique prévus ;

- tuteurs pour les plantes, décoratifs si possible, type spirales à tomates ou bambou (un par pot) ;

- bobine de ficelle ;

- arrosoir à pomme fine ;

- sécateur ou ciseaux affûtés.

1 Si la bassine n'est pas étanche, tapissez le fond de plastique robuste. Couvrez de gravier pour maintenir le plastique. Ajoutez une couche de morceaux et copeaux de polystyrène qui constitueront un réservoir d'eau.

2 Disposez les pots en plastique dans la bassine pour évaluer le nombre de plantes que vous pouvez grouper. Achetez des plants de tomate, aubergine et poivron, un par pot. Si vous les cultivez à partir de semis, semez six semaines plus tôt.

3 Remplissez un pot de terreau universel jusqu'à 5 cm sous le bord. Positionnez un plant d'aubergine au centre, puis ajoutez un peu de terreau si nécessaire. Tassez du bout des doigts pour éliminer les poches d'air.

4 Répétez l'étape 3 avec les autres plants. Arrosez avec une pomme fine. Si vous utilisez des plants greffés, veillez à ce que le point de greffe soit au-dessus du terreau.

5 Insérez un tuteur par pot, sur le côté, en évitant la motte de racines. Les tuteurs spiralés à tomates font beaucoup d'effet. Fixez la tige en croissance au tuteur avec de la ficelle si besoin.

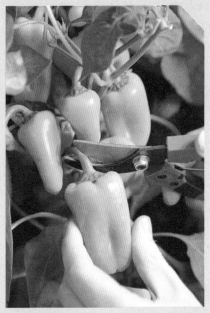

Sachez pincer

Sur les pieds de tomate à tige unique, pincez, c'est-à-dire supprimez, les pousses qui apparaissent à l'aisselle des feuilles. La plante consacre ainsi son énergie à former des fruits, non des pousses.

Pincez les pousses en surnombre.

6 Installez la bassine en pleine lumière sur un appui de fenêtre ou sous une fenêtre de toit. Tournez-la chaque jour et permutez les pots pour que ceux du centre reçoivent assez de lumière.

7 Dès que se forment les fleurs, donnez chaque semaine aux plantes de l'engrais riche en potassium. Ouvrez la fenêtre pour une bonne ventilation. Cueillez les fruits mûrs au sécateur.

Aubergines

Solanum melongena

Délicieuses dans les plats méditerranéens que sont la ratatouille et la moussaka, les aubergines existent sous différentes formes et teintes et se plaisent sur un appui de fenêtre ensoleillé.

Supprimez quelques feuilles si elles font de l'ombre aux fruits.

Ces longues aubergines asiatiques ont une saveur douce. Inutile de les faire dégorger.

Aubergine asiatique

Culture

Quand acheter ou semer

Si vous n'avez de place que pour un ou deux plants – l'aubergine peut atteindre 1 m de hauteur –, achetez-les au printemps en jardinerie ou sur Internet. Si vous préférez semer, faites-le en fin d'hiver (voir p. 204-205 les conseils de semis). Choisissez un pot profond, d'au moins 20 cm de diamètre, et empotez-y un plant, dans du terreau universel ou un terreau de rempotage à base de terre végétale.

Lumière et température

Les fruits ont besoin de soleil direct pour mûrir en été, aussi installez les pots près d'une fenêtre au sud ou à l'ouest. Assurez aux plantes un minimum de 16-18 °C. Des températures chaudes en journée favorisent la maturation des fruits.

Arrosage

Arrosez régulièrement, mais évitez l'humidité stagnante. Utilisez des pots munis de trous, placés sur des soucoupes. Vaporisez le feuillage chaque jour à l'eau tiède pour éloigner les araignées rouges et favoriser la formation des fruits.

Entretien

Dès que le premier fruit est formé, faites des apports d'engrais riche en potassium tous les 8 à 10 jours. Supprimez les fleurs en surnombre et les pousses latérales, inutiles quand sont formés 5 ou 6 jeunes fruits. Tuteurez les tiges lorsqu'elles font 20 cm.

Variétés d'intérieur

Les aubergines les plus courantes sont violet foncé et oblongues, mais les jardiniers curieux peuvent découvrir bien d'autres couleurs et formes de fruits. Le choix est généralement limité parmi les jeunes plants proposés à la vente, plus vaste chez les marchands de graines.

'THAÏ ROUND GREEN' ▲
Ces petites aubergines de la taille d'une balle de golf sont blanches à vertes ou striées. Souvent utilisés dans les curries thaïs, les fruits sont croquants et légèrement amers. Comme ils sont petits, vous pouvez en laisser plus mûrir sur une plante. **Taille du fruit :** 2-5 cm

◀ 'PINSTRIPE'
Les fruits ovales, striés de crème et violet, se forment de l'été à l'automne. La plante compacte se prête bien à la culture en pot. Ne gardez que 3-4 fruits par plant pour qu'ils atteignent leur taille maximale. **Taille du fruit :** 8-10 cm

'BLACK BEAUTY' ♥
Une variété populaire à grands fruits violet foncé lustré. Les grandes plantes robustes portent six fruits et plus, à maturation précoce et saveur douce, à peau et graines comestibles. Deux plants vous assureront une belle récolte entre été et automne. **Taille du fruit :** 10-15 cm

'BIANCA OVALE' ♥
À l'origine, les aubergines étaient blanches et ovoïdes, d'où leur ancien nom de plante à œufs. Cette robuste variété italienne porte des fruits à saveur douce, à cueillir avant maturité complète (ils virent alors au jaune et la peau durcit). **Taille du fruit :** environ 8 cm

Côté cuisine

Cuisiner les aubergines
Une **façon simple** de préparer les aubergines : coupez-les en tranches, badigeonnez-les d'huile d'olive et faites-les cuire au four ou dans une sauteuse jusqu'à ce qu'elles soient tendres. Pour une **ratatouille**, chauffez un peu d'huile dans une sauteuse, ajoutez cubes d'aubergines, de courgettes, de poivrons, oignons émincés et ail. Faites revenir quelques minutes, baissez le feu, puis versez une boîte de tomates et une cuillère à soupe de concentré de tomate. Laissez mijoter 20 minutes, puis servez avec du basilic frais haché.

Quand les cueillir

Les aubergines ont une croissance lente. À partir de jeunes plants, vous devrez attendre cinq mois pour cueillir des fruits mûrs. Récoltez-les quand ils sont fermes, brillants et développés, en les coupant au sécateur.

Conservation
La plupart des aubergines se développent à des rythmes différents, aussi vous ne serez pas débordé par la production. Si vous ne cultivez que quelques plants, utilisez les aubergines fraîchement cueillies. Vous pouvez aussi les conserver jusqu'à dix jours au réfrigérateur, ou les cuire pour les congeler.

Coupez la tige juste au-dessus du calice du fruit.

Pour que les fruits mûrissent, cultivez vos aubergines dans une pièce chaude et ensoleillée.

Attention, les plants de tomate sont entièrement toxiques, sauf leurs fruits délicieux !

Choisissez une passoire pour vos tomates cerises. Conservez son aspect métallique ou optez pour une peinture non toxique. Prévoyez une doublure plastique et un pot pour un ensemble étanche.

Plantez les tomates dans une coupe en plastique s'adaptant à la passoire.

Niveau 2
moyen

Tomates cerises dans une passoire

Les **tomates cerises** se prêtent bien à une plantation dans une **grande passoire**, à utiliser en **suspension** (voir projet page suivante) ou simplement posée sur une table près d'une fenêtre bien éclairée. Vous vous régalerez en **fin d'été** des petites tomates retombant sur les bords de la passoire.

Le bon emplacement

Les tomates sont des plantes de soleil. Recherchez dans votre intérieur une situation très lumineuse, par exemple sous une fenêtre de toit ou près d'une fenêtre au sud. Faites pivoter le pot tous les 1-2 jours pour que le feuillage et les fruits reçoivent assez de lumière. Ouvrez la fenêtre dès qu'il fait chaud pour une bonne circulation de l'air, laquelle favorise la croissance des plantes et la formation des fruits.

Centre de table sous une fenêtre de toit

Quelle variété choisir

Faites votre choix parmi les tomates cerises, à port buissonnant et retombant, qui ne demandent ni tuteurage ni pincement comme les variétés à gros fruits et tige unique. Parmi les meilleures figurent les 'Balconi', 'Tumbling Tom' et 'Délice du jardinier'.

'Tumbling Tom'

L'un des meilleurs choix pour une plantation en panier suspendu, à port compact et innombrables petites tomates juteuses, savoureuses, rouges ou jaunes.

'Balconi'

Choisissez entre fruits rouges ou jaunes pour cette variété compacte aux tomates très sucrées, au port retombant parfait en suspension.

Choisissez parmi les fruits jaunes ou rouges de cette variété populaire.

Projet

Plantez des tomates dans une passoire

Cette **grande passoire-suspension** est facile et rapide à faire. Elle peut accueillir **trois ou quatre plants de tomate**. Ajoutez-y un olla (petit réservoir d'eau en terre cuite) au centre, qui diffusera progressivement l'humidité dans le terreau, vous épargnant des arrosages quotidiens.

Dans une passoire plus petite, plantez un seul plant de tomate au centre.

IL VOUS FAUT : • grande passoire • peinture métal non toxique • plastique à bulles ou sac-poubelle • cuvette à vaisselle ou contenant adapté à la taille de la passoire • tournevis • terreau universel • 3-4 plants de tomate cerise • arrosoir à pomme fine • olla (facultatif) • chaînes pour suspension • crochet solide.

1 Si vous le souhaitez, appliquez au pinceau ou à la bombe une peinture non toxique pour métal et laissez bien sécher. Tapissez la passoire de plastique à bulles ou sac-poubelle résistant pour la rendre étanche.

2 Achetez ou recyclez une cuvette à vaisselle ou autre récipient en plastique à glisser dans la passoire. Avec le tournevis, percez plusieurs trous de drainage. Placez la cuvette dans la passoire tapissée de plastique.

3 Remplissez la cuvette de terreau jusqu'à 3 cm du bord. Arrosez les plants de tomate, puis sortez-en un de son pot. Faites un trou dans le terreau et mettez le plant en place, en veillant à ce que la motte soit couverte de terreau.

4 Tassez le terreau à la base du plant. Répétez l'opération de plantation pour les autres plants en espaçant les pieds d'au moins 15 cm (entre les tiges). Arrosez en douceur avec une pomme fine pour que le terreau enrobe les racines.

L'entretien des tomates

L'olla (ci-dessous) diffuse l'humidité en permanence dans le terreau, mais vérifiez l'arrosage tous les 3-4 jours, surtout si vous avez groupé plusieurs plants. Si le terreau est sec au toucher, arrosez en surface. Si vous n'avez pas d'olla, arrosez tous les 1-2 jours, en évitant cependant l'humidité stagnante. Des arrosages irréguliers peuvent faire éclater les tomates.

La plupart des terreaux sont enrichis en engrais, ce qui suffit aux plantes jusqu'à la floraison. Faites ensuite des apports hebdomadaires d'engrais pour tomates, riche en potassium. Les plantes s'autopollinisent, aussi les fruits se forment sans problème dans la maison. Mais la pollinisation sera meilleure si vous ouvrez les fenêtres pour faire un courant d'air ou si vous secouez doucement les plantes tous les 2-3 jours, pour libérer le pollen et favoriser la fructification.

L'olla a une jauge qui vous indique quand le réservoir est vide.

5 Remplissez l'olla d'eau et enterrez-le à moitié au centre de la passoire. Si vous souhaitez la suspendre, attachez les chaînes aux trous et portez le tout à un crochet solide fixé au plafond.

Arrosez quand le terreau sèche en surface.

Si les feuilles commencent à jaunir, apportez en remède un engrais riche en magnésium.

Tomates

Solanum lycopersicum

Rien ne vaut la saveur des tomates « maison » !
Malgré leur aspect exotique, elles sont faciles
à cultiver en intérieur si vous pouvez leur assurer
les conditions très lumineuses nécessaires
à la maturation des fruits.

Culture

Quand acheter ou semer

Semez en mars (voir p. 204-205) ou achetez
des jeunes plants en avril-mai. Certaines variétés
dépassent 1 m. Si vous manquez d'espace, optez pour
les tomates cerises. Plantez les tomates, sauf les
petites variétés, dans des pots d'au moins 20 cm de
diamètre et profondeur, remplis de terreau universel.

Lumière et température

Les tomates demandent beaucoup de soleil – vous
récolterez peu ou pas de fruits à l'ombre – et des
températures de 21-24 °C. Les plantes souffrent en
dessous de 16 °C et au-dessus de 28 °C.

Arrosage

Arrosez fréquemment, sans attendre que les feuilles
s'affaissent, surtout une fois les fruits formés car les
arrosages irréguliers les font éclater. Évitez l'humidité
stagnante en prévoyant un bon drainage des pots.

Entretien

Prévoyez un tuteur robuste pour les grandes variétés
et supprimez les pousses à l'aisselle des feuilles (sauf
pour les tomates cerises). Faites des apports d'engrais
pour tomates hebdomadaires à partir de la floraison.

Récolte

En été et début d'automne, cueillez les tomates
ou coupez les bouquets au sécateur.

◀ **TOMATE 'TOTEM'**
Une tomate cerise
parfaite sur un appui
de fenêtre, pour une
récolte abondante de
fruits rouges de taille
moyenne. **Hauteur
et étalement :**
60 × 30 cm

Variétés d'intérieur

La palette des plants offre de nombreuses formes, teintes et tailles, avec des variétés à gros fruits ou de petites tomates buissonnantes. Faites votre choix pour votre intérieur, sans oublier les tomates anciennes.

◀ 'TIGERELLA'
Une variété ancienne à production abondante de tomates de taille moyenne, striées de rouge et jaune. Plantée dans un grand pot, elle atteint près de 2 m.
Hauteur et étalement : jusqu'à 2 m × 50 cm

'SATYNA' ▲
Une variété fiable, qui porte de grosses tomates charnues savoureuses, à cuisiner ou à consommer crues. Prévoyez un tuteur robuste pour supporter le poids des fruits. **Hauteur et étalement :** jusqu'à 2 m × 50 cm

'BLACK CHERRY' ▶
Cette variété assez haute produit quantité de petites tomates cerises brun-rouge foncé au goût exquis, qui ne passent pas inaperçues !
Hauteur et étalement : jusqu'à 1,5 m × 50 cm

◀ 'SUNGOLD'
Une variété à cultiver sur tige, portant des grappes de petites tomates orangées à peau fine, très juteuses.
Hauteur et étalement : jusqu'à 2 m × 50 cm

'VILMA' ▲
Une tomate cerise sélectionnée pour la culture en pot, qui vous offrira une généreuse récolte de petites tomates juteuses tout l'été.
Hauteur et étalement : 60 cm

'OLIVADE' ▶
Une variété classique aux fruits de taille moyenne, qui peuvent être consommés crus mais sont surtout utilisés pour les coulis et autres préparations.
Hauteur et étalement : jusqu'à 1,8 m × 50 cm

'MONEYMAKER' ▲
Une variété classique de grande taille, très productive, aux fruits rouges de taille moyenne, réputés pour leur saveur exceptionnelle. **Hauteur et étalement :** jusqu'à 2 m × 50 cm

Côté cuisine

Un classique

Composez une salade de fruits originale : tomates, fraises et pêches, assaisonnées de vinaigre balsamique, huile d'olive et menthe hachée.

Préparez une sauce à salade légère en mixant graines de tomates juteuses avec huile d'olive, vinaigre, sel et poivre.

Coupez en deux de grosses tomates, saupoudrez de chapelure, aromates, ail et huile, puis passez au four. Pour une **panade**, enlevez la croûte de 16 tranches de pain, coupez-les en 4, puis alternez dans un plat pain et tomates, oignons et basilic. Arrosez de bouillon de légumes, saupoudrez de parmesan et faites cuire 45 minutes à four moyen.

Panade aux tomates tranchées

Tours à **tomates**

Niveau 2 moyen

Les **tomates à gros fruits**, menées sur une tige unique, offrent une **récolte abondante**. Si vous avez une fenêtre de toit ou une baie donnant au sud, plantez-en dans des pots profonds, en **forme de colonne** encadrant une porte ou une fenêtre.

IL VOUS FAUT : • 2 plants de tomate à gros fruits • 2 pots en plastique de 20-25 cm de diamètre • terreau universel • 2 grands cache-pots étanches • briques pour surélever les pots • 2 treillages décoratifs • ficelle de jardin • arrosoir • engrais pour tomates riche en potassium.

1 Cultivez les plants de semis sur un appui de fenêtre ensoleillé. Supprimez les pousses latérales (p. 135). Transplantez-les dans les grands pots quand ils atteignent 45 cm.

2 Placez deux briques au fond de chaque cache-pot et placez le pot de tomate dessus. Veillez à ce que les feuilles inférieures dépassent du cache-pot.

Utilisez briques ou blocs de polystyrène pour surélever les pots.

3 Insérez le treillage sur le bord de chaque pot et fixez-y les tiges avec la ficelle comme illustré ici.

4 Installez les pots sous une fenêtre de toit ou près d'une grande baie vitrée. Arrosez tous les 1 à 2 jours et faites des apports hebdomadaires d'engrais pour tomates dès la floraison.

Étêtez la tige principale quand elle atteint le haut du support.

Palissez vos tomates sur des treillis décoratifs. Fixez-y la tige principale et d'éventuelles ramifications pour qu'elles ne cassent pas sous le poids des fruits.

Arrosez très régulièrement pour éviter l'éclatement des fruits.

Tamarillo ou tomate en arbre

Solanum betaceum

Culture

Quand acheter ou semer

Vous trouverez toute l'année en vente de jeunes plants de tamarillo, mais achetez-les de préférence au printemps pour être assuré de leur vigueur (le tamarillo est caduc et reprend sa croissance au printemps). Prévoyez l'espace nécessaire pour cette plante à croissance rapide qui atteint près de 2 m de haut, presque autant en largeur. Rempotez l'arbuste dans un grand bac rempli d'un bon terreau à base de terre végétale.

Lumière et température

Cette espèce subtropicale apprécie la chaleur d'un intérieur chauffé, avec des températures nocturnes ne tombant pas en dessous de 15 °C en hiver. Elle supporte bien la chaleur et demande une situation très lumineuse et ensoleillée pour fructifier.

Arrosage

Du printemps à l'automne, arrosez le tamarillo tous les 1-2 jours, car ses énormes feuilles demandent beaucoup d'eau. Plantez-le dans un pot profond, avec un bon drainage car il supporte mal l'humidité stagnante.

Le tamarillo a une longue durée de vie et demande beaucoup d'espace et de lumière pour prospérer en intérieur.

Les très grandes feuilles, jusqu'à 30 cm de long, ressemblent à celles du caoutchouc.

Bien qu'originaire des Andes, c'est en Nouvelle-Zélande que le tamarillo est le plus cultivé !

Entretien

Chaque printemps, incorporez un engrais équilibré, sous forme de granulés, au terreau. Faites aussi trois apports d'engrais pour arbres fruitiers à un mois d'intervalle en été, après l'apparition des bouquets de fleurs blanches. Ne vous inquiétez pas si certaines feuilles inférieures jaunissent et tombent. C'est un processus normal, non le signe d'une maladie.

Récolte

Le tamarillo ne fructifie souvent qu'à partir de la deuxième année de culture, en conditions favorables. Récoltez les fruits au sécateur, lorsqu'ils sont rouge vif ou jaunes et fermes au toucher. Épluchez-les et éliminez l'essentiel des pépins avant de les manger.

Tailler un tamarillo

Lorsque la plante atteint 1 m de hauteur, coupez l'extrémité de la tige principale, à la fois pour stimuler la ramification et limiter sa hauteur. Une fois l'arbuste développé, taillez pour aérer la ramure et supprimez les ramifications issues de la base de la tige principale. Les fruits se forment sur les nouvelles pousses, aussi rabattez chaque année au printemps les tiges qui ont fructifié l'année précédente.

Les petites fleurs sont blanches.

Arrosez bien à la formation des fruits.

Fleurs et fruits
Les petites fleurs blanches apparaissent au printemps, suivies des fruits. Secouez la tige ou vaporisez les fleurs tous les 3 à 4 jours pour favoriser le transfert de pollen d'une fleur à l'autre.

Fruits acidulés
Les variétés à peau rouge ou rosée ont un goût un peu plus relevé que celles à peau jaune et sont délicieuses en salade.

Éliminez les pépins avant de manger le fruit.

Côté cuisine

Saupoudrez de sucre des demi-tamarillos et arrosez de vin rouge. Passez sous le gril et servez avec du yaourt à la grecque.
Pelez et blanchissez des dés de tamarillos, mixez avec piment vert, oignon émincé et coriandre, ajoutez un filet de sirop d'érable et d'huile d'olive. Servez avec des galettes de maïs.
Ajoutez des tranches de tamarillo à une salade verte.
Essayez des tranches de tamarillo sur du pain grillé.
Remplacez les tomates par des tamarillos dans une sauce mexicaine servie avec des enchiladas garnies de haricots, riz et fromage râpé.

Enchiladas et sauce au tamarillo

Pour ce projet, les **concombres** sont dans des pots en plastique percés de trous et placés dans des bacs étanches, des conditions de culture idéales pour ces plantes assoiffées.

Palissez régulièrement les tiges en croissance sur le support.

Un bac sur roulettes permet de déplacer les plantes afin qu'elles reçoivent du soleil de toutes parts.

Niveau 3
avancé

Concombres
sur roulettes

Aménagez un **écran vert et gourmand** grâce à quelques plants de **concombre** qui vous offriront des fruits savoureux en **situation lumineuse et ensoleillée** (voir projet page suivante).

Une cueillette régulière des concombres stimule la formation de nouvelles fleurs et fruits.

En pleine lumière

Les concombres demandent beaucoup de lumière pour la maturation des fruits. Choisissez une variété adaptée à la culture sous serre ne portant que des fleurs femelles et installez les plants devant une baie au sud ou sous une fenêtre de toit. Chaque fleur formera un fruit. Les variétés de jardin peuvent aussi fructifier en intérieur, mais les fleurs femelles doivent être pollinisées par des fleurs mâles (voir p. 155).

Fleur de concombre

Grands et beaux !

Les concombres que vous cultivez sont généralement meilleurs que ceux achetés dans le commerce. Essayez leur culture en intérieur si vous pouvez leur offrir de bonnes conditions. Ils demandent de la place puisque ces grimpantes atteignent environ 1,5 m de hauteur et s'étalement, même si la culture dans un bac sur mesure (voir page suivante) permet de limiter leur encombrement.

Fruits en développement
Lorsque la fleur fane, vous remarquez qu'un concombre miniature se forme juste au-dessus. Le fruit arrive à maturité en quelques semaines.

Jeunes et savoureux
Coupez les concombres avec un couteau tranchant quand ils atteignent la longueur indiquée sur le sachet de graines ou l'étiquette du plant.

Projet »

Fabriquez un **bac à concombres** sur roulettes

Ce **bac sur mesure**, muni de **roulettes** et équipé d'un support de palissage en ficelle, est idéal pour la **culture des concombres en intérieur**. Vous pouvez déplacer le bac pour un éclairement maximal ou même pour la nuit.

IL VOUS FAUT :

- grande caisse à fruits solide ;
- contreplaqué de 18 mm d'épaisseur, aux dimensions du fond de la caisse ;
- crayon ;
- mètre ;
- scie ;
- tournevis électrique ;
- vis à tête plate de 20 × 20 mm ;
- lattes de bois traité de 4 × 25 × 20 mm pour le cadre support, coupées à la longueur voulue (étapes 3-5) ;
- vis à tête plate de 8 × 25 mm pour fixer les lattes au bac (étapes 4 et 5) ;
- 4 roulettes pivotantes ne faisant pas de marques ;
- ficelle de jardin épaisse.

1 Posez la caisse sur le contreplaqué et marquez les contours au crayon. Placez le contreplaqué au bord d'une table, en le maintenant avec un serre-joint, et découpez les contours à la scie.

2 Utilisez le tournevis et les vis à tête plate de 20 mm pour fixer le contreplaqué sous la caisse, aux quatre coins. Percez un petit trou de guidage au préalable pour éviter de fendre le bois.

3 Coupez les lattes pour former le cadre de 1 m de haut et de large. Percez des trous espacés de 10 cm dans l'épaisseur des lattes, le premier à 10 cm d'une extrémité.

4 Fixez les deux lattes qui vont former les verticales du cadre dans les angles arrière de la caisse, en utilisant deux vis à tête plate de 25 mm pour chaque latte, l'une au-dessus de l'autre.

5 Mesurez et recoupez une latte s'adaptant à la base entre les montants verticaux. L'autre doit être un peu plus longue pour surmonter ces montants. Fixez-les avec les vis de 25 mm.

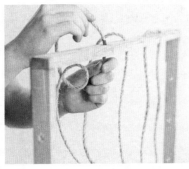

Pour rendre le support plus robuste et rigide, fixez une plaque d'acier zingué dans les angles du support en bois, comme illustré.

6 Couchez le bac et fixez les roulettes à chaque angle avec une vis à tête plate de 20 mm. Le filetage des vis dépend des trous prévus pour la pose des roulettes.

7 Passez la ficelle dans les trous des lattes horizontales, en commençant par le trou gauche de la latte inférieure. Procédez de même avec les verticales.

Faites un nœud à l'extrémité de la ficelle avant de la passer dans les montants.

Terminez la mise en place de la ficelle par un autre nœud solide.

8 Veillez à tendre la ficelle pour une bonne tenue du support de palissage. Terminez par un nœud solide et coupez l'excédent de ficelle. L'ensemble est prêt pour la plantation !

Facile, l'option treillis

Au lieu d'un support de ficelle tendue, un treillis en bois prêt à poser offre une solution plus simple. Suivez les étapes 1 à 4, puis vissez le treillis sur les montants verticaux avec des vis à tête plate de 25 mm. N'hésitez pas à peindre treillis et lattes à votre guise.

Treillis mis en place avec des vis

Bac de plantation avec treillis

Suite du projet ≫

Cultivez des concombres
dans un bac sur roulettes

Vous pouvez **semer les concombres** ou les acheter en jeunes plants pour les transplanter dans le bac à roulettes afin d'obtenir un véritable **décor gourmand** de feuilles, fleurs et fruits.

Les concombres se plairont dans une pièce chaude (21-24 °C) et très lumineuse.

> **IL VOUS FAUT :** • godets en plastique ou fibre de coco • graines de concombre • terreau de semis • terreau universel • arrosoir • 2 grands pots en plastique avec trous de drainage • 2 grands pots étanches, à glisser dans le bac • ficelle de jardin • sécateur.

Vérifiez que les pots munis de trous de drainage sont faciles à glisser dans les récipients étanches.

1 Remplissez les godets de terreau de semis. Semez 2-3 graines par pot et couvrez de 1 cm de terreau. Arrosez et placez les godets sur un plateau, en situation chaude et lumineuse. Les graines germent en une à deux semaines. Lorsque les plantules ont 2-3 paires de « vraies » feuilles, repiquez-les individuellement dans du terreau universel (p. 200-201) et poursuivez la culture jusqu'à ce qu'ils atteignent 20 cm.

2 Placez les deux pots étanches dans le bac, puis glissez les deux pots avec les trous de drainage à l'intérieur. Remplissez-les de terreau universel jusqu'à 3 cm du bord.

3 Transplantez un ou deux plants dans chaque grand pot, en tassant autour du pied pour éliminer les poches d'air. Si les plants avaient un petit tuteur, ajoutez-le, puis arrosez.

4 Installez le bac en situation ensoleillée dans votre intérieur. Les plants ne fructifieront pas s'ils manquent de lumière. Au fur et à mesure de la croissance, répartissez les tiges sur le palissage, en les glissant entre les mailles, maintenues par un lien si besoin.

5 Faites pivoter le bac tous les 3-4 jours pour un éclairement uniforme. Dès qu'apparaissent les fleurs, donnez tous les 15 jours un engrais riche en potassium. Si vous cultivez une variété parthénocarpique, à fleurs femelles, supprimez les fleurs mâles s'il y en a.

Astuces de culture

Pour une belle récolte de concombres, pincez l'extrémité en croissance de la tige principale lorsqu'elle atteint le sommet du support, ce qui incite la plante à produire de nouvelles ramifications. Examinez les pousses latérales portant des fleurs et coupez-les après la deuxième feuille suivant une fleur femelle (portant un fruit miniature). Pincez également les ramifications ne portant pas de fleurs, à environ 60 cm de longueur.

Pincez ici pour étêter la tige.

Tige principale du plant

6 Éliminez toute grande feuille ombrageant les jeunes fruits. Arrosez régulièrement mais sans excès. Cueillez les concombres en coupant le pédoncule avec un couteau lorsqu'ils ont la longueur voulue (étiquette ou sachet de graines).

Concombres

Cucumis sativus

Saveur fraîche et texture croquante des concombres maison sont généralement bien supérieures à celles des fruits achetés. De plus, ces grimpantes à grandes feuilles sont décoratives !

Pollinisez manuellement les fleurs des variétés de jardin.

Culture

Quand acheter ou semer

Semez au printemps (voir les détails p. 152) ou achetez de jeunes plants en jardinerie. Rempotez-les individuellement dans des pots plus grands, remplis de terreau universel. À la plantation, insérez treillis ou autre support en bordure du contenant pour y palisser les tiges.

Lumière et température

Les graines de concombre demandent un minimum de 20 °C pour germer. Les concombres de serre peuvent être cultivés dans une pièce chaude, avec un minimum nocturne de 15 °C, mais les variétés de jardin supportent plus de fraîcheur. Gardez les plants en situation ensoleillée près d'une baie vitrée.

Arrosage

Ces plantes avides d'eau demandent un terreau légèrement humide mais non détrempé. Plantez-les dans des pots munis de trous de drainage, sur une soucoupe ou dans un cache-pot étanche. Vaporisez-les plusieurs fois par semaine pour maintenir une bonne humidité de l'air.

Entretien

Étêtez la tige principale quand elle atteint le haut du support. Faites des apports d'engrais riche en potassium tous les 15 jours à partir de la formation des fleurs. Les fleurs des variétés de jardin demandent à être pollinisées tous les 1 à 2 jours (voir p. 207).

Récolte

Coupez le pédoncule du fruit au sécateur, lorsqu'il est ferme au toucher, de la taille indiquée sur l'étiquette ou le sachet de graines. Les concombres se gardent 8 à 10 jours au réfrigérateur.

Variétés d'intérieur

On distingue deux types de variétés : les concombres de serre et ceux de jardin ou de pleine terre, plus petits. Les variétés de pleine terre peuvent être cultivées dans la maison, mais il faut polliniser manuellement les fleurs et éviter la proximité d'une variété de serre. Si les fleurs mâles d'un plant de jardin pollinisent les fleurs femelles d'un concombre de serre, les fruits sont amers. Nombre de variétés de serre sont parthénocarpiques, ne portant que des fleurs femelles. Ôtez les éventuelles fleurs mâles.

◀ 'CUCINO'

Les petits fruits de cette variété de serre se mangent sans épluchage. Ils sont croquants et juteux, à saveur douce. C'est une variété parthénocarpique (femelle), donc éliminez les éventuelles fleurs mâles.
Hauteur et étalement : 3 m × 45 cm

'DELIZIA' ▶

Une variété de serre, résistante aux maladies, produisant de petits fruits côtelés à peau fine, presque translucide, qui ne demande pas d'épluchage. Supprimez les fleurs mâles éventuelles.
Hauteur et étalement : 3 m × 45 cm

◀ 'CARMEN'

Une variété de serre parthénocarpique (femelle), très résistante aux maladies, produisant de nombreux fruits à peau vert foncé et texture croquante. Supprimez les fleurs mâles éventuelles.
Hauteur et étalement : 3 m × 45 cm

'BUSH CHAMPION' ▶

Une variété de jardin à port compact et à production généreuse de grands concombres. Idéale pour les petits espaces, par exemple en pot, palissée sur des tuteurs en bambou. Pollinisez manuellement les fleurs pour une belle récolte.
Hauteur et étalement : 60 × 20 cm

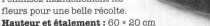

'Bush Champion'

Côté cuisine

Délices de concombre

Préparez une salade niçoise express avec concombre en tranches, laitue, tomates, haricots verts, œufs durs et miettes de thon.

Épépinez et émincez un concombre avec de la menthe, ajoutez ail écrasé et yaourt à la grecque pour un dip rappelant le tzatziki.

Composez un wrap en glissant dans un demi-falafel tranches de concombre, tomates séchées et basilic frais.

Émincez un concombre, un bulbe de fenouil et un oignon vert, puis ajoutez-y feuilles de laitue et céleri branche pour une salade rafraîchissante.

Salade concombre et fenouil

Démêlez régulièrement les tiges pour éviter qu'elles ne forment un ensemble trop dense.

Cultivé en suspension sous une fenêtre de toit, le **cucamelon** offre un feuillage retombant et de petits fruits rayés très décoratifs.

{ Niveau 1 facile }

Cucamelons
en caisse suspendue

Les jolis fruits du **cucamelon**, qui pendent en petites boules, ont la saveur du **concombre** avec une pointe de **citron**. La plante, qui aime le soleil, se plaira chez vous cultivée en suspension ou dans une **caisse en bois** (voir projet page suivante).

Le cucamelon est un petit fruit qui ne s'épluche pas, parfait pour le goûter des petits !

Fruits rafraîchissants

Vous pouvez vous procurer de jeunes plants auprès d'un fournisseur spécialisé, mais le cucamelon est très facile (et peu coûteux) à semer. Semez en godets en début de printemps, pour une récolte tout l'été. Cuisinez ces fruits, qui évoquent des pastèques miniatures, en salades, en sauces, en légume d'accompagnement ou à croquer à l'apéritif.

Cucamelon, fruits

Tiges retombantes

Le cucamelon est une plante grimpante volubile, aux longues tiges munies de vrilles qui s'accrochent à un support pour pouvoir grimper. Vous pouvez laisser retomber les tiges d'une caisse ou suspension comme ici, ou installer la plante dans un grand pot équipé d'un treillis pour palisser les tiges comme un mini concombre. Cette plante native du Mexique demande beaucoup de soleil, placez-la si possible près d'une fenêtre au sud ou sous une fenêtre de toit.

Les tiges retombantes peuvent atteindre 1,2 m de longueur.

Cucamelons en suspension derrière une fenêtre ensoleillée

Infos culture en bref

3-4 heures en tout

Plein soleil

Arrosez tous les 2-3 jours.

Engrais riche en potasse, apports hebdomadaires dès la floraison

Récoltez quand les fruits ont la taille d'une grosse olive.

Projet »

Cultivez des cucamelons en caisse suspendue

Semez ces petits légumes-fruits originaux et installez-les dans une caisse en bois suspendue au plafond. Une telle situation **facilite la cueillette** des fruits lorsqu'ils atteignent la taille d'une grosse olive.

IL VOUS FAUT :

- godets en plastique de 8 cm de diamètre ;
- graines de cucamelon ;
- terreau de semis ;
- vermiculite ;
- caisse en bois ;
- ficelle épaisse ;
- grands pots en plastique s'adaptant à la caisse ;
- terreau universel ;
- plastique épais étanche (ou sac-poubelle robuste) ;
- pince à dessin ;
- morceaux de polystyrène ;
- mousse de sphaigne ;
- crochet robuste ;
- arrosoir à pomme fine ;
- ciseaux.

Il faut polliniser manuellement les fleurs du cucamelon (voir p. 207).

1 Remplissez quelques godets de terreau de semis, puis semez 2 à 3 graines par contenant et couvrez de vermiculite. Arrosez et placez les pots sur un appui de fenêtre ensoleillé. Les graines germent en quelques semaines.

Rempotez les plants dans un pot plus grand, rempli de terreau universel.

2 Lorsque les plants font environ 8 cm et ont quelques feuilles, repiquez-les individuellement dans de petits pots. Pour cela, saisissez le plant par une feuille, soulevez la motte avec une cuillère et transférez-la dans le nouveau pot.

3 Arrosez régulièrement les plants. Après le repiquage, procurez-vous deux grands pots en plastique à glisser dans la caisse en bois. Rempotez deux plants développés (20-25 cm) par grand pot et arrosez bien.

Veillez à ne pas abîmer les tiges en glissant les pots dans la caisse.

4 Tapissez la caisse de plastique épais, étanche, en marquant les coins, puis repliez-le au-dessus des bords de la caisse. Fixez la pince à dessin sur un côté pour vous aider dans l'ajustement.

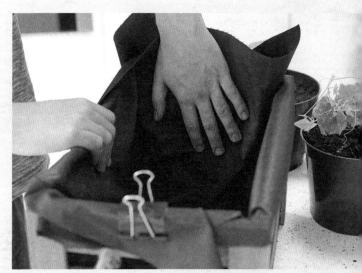

5 Glissez les deux grands pots de cucamelons à l'intérieur de la caisse. Si besoin, mettez des morceaux de polystyrène au fond pour surélever les pots afin qu'ils arrivent juste sous le rebord de la caisse.

Astuces de culture

Arrosez tous les 2-3 jours, sans que l'eau s'accumule au fond de la caisse. Retournez la caisse tous les 8-10 jours si elle est accrochée près d'une fenêtre pour un éclairement homogène. Faites des apports hebdomadaires d'engrais riche en potassium dès la floraison, puis pollinisez les fleurs à la main.

Arrosez régulièrement.

6 Couvrez les pots de mousse de sphaigne pour retenir l'humidité. Suspendez la caisse à un crochet fixé au plafond par une ficelle solide. Taillez court les tiges grêles pour stimuler la formation de nouvelles pousses.

Poivrons
en pots colorés

Ces belles **plantes d'allure exotique**, originaires du **Mexique** et d'**Amérique du Sud**, vous offriront leurs fruits colorés d'**août** à **octobre** si vous les cultivez dans une pièce chaude et ensoleillée.

IL VOUS FAUT : • pot en plastique ou terre cuite de 30 cm de diamètre et profondeur • soucoupe • terreau universel enrichi en engrais • 3 plants de poivron • 3-4 thyms à port rampant *(Thymus serpyllum)* • arrosoir à pomme fine • 3 tuteurs • ficelle ou liens plastifiés pour plantes • vaporisateur.

Infos culture en bref

1-2 heures en tout

Plein soleil

Arrosez tous les 2 jours.

Engrais riche en potasse, apports hebdomadaires dès la floraison

Récoltez quand les poivrons sont bien colorés.

1 S'il s'agit d'un pot avec trous de drainage, placez-le sur une soucoupe. Sinon, optez pour un pot à réserve d'eau (p. 28). Remplissez-le de terreau universel jusqu'à 5 cm du bord. Mettez trois plants en place, bien espacés.

Pendant la floraison, vaporisez les fleurs tous les 1-2 jours pour favoriser la fructification.

2 Ajoutez les plants de thym sur le pourtour du pot, entre les poivrons. Tassez le terreau autour du pied des plants pour éliminer les poches d'air. Arrosez, puis ajoutez un peu de terreau si le niveau est trop bas.

3 Insérez un tuteur en bois ou bambou près du côté intérieur de la motte de racines de chaque plant de poivron. Fixez la tige principale au tuteur avec de la ficelle ou des liens plastifiés, au fur et à mesure de la croissance.

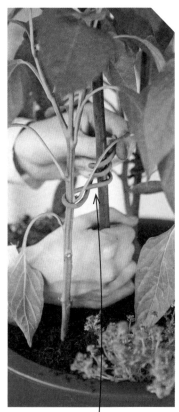

Faites un nœud en 8 pour lier la tige au tuteur.

Cueillez les poivrons mûrs en coupant le pédoncule près de la tige avec un sécateur.

Il vous faudra peut-être ajouter des tuteurs si les fruits sont nombreux.

Placez le pot en situation ensoleillée.

Prévoyez une soucoupe étanche pour éviter les taches au sol.

Installez la potée près d'une fenêtre au sud ou sous une fenêtre de toit, dans une pièce chaude, pour des conditions proches de l'habitat d'origine des poivrons.

Poivrons

Capsicum annuum

Ces légumes-fruits colorés sont riches en antioxydants et vitamines.
Leurs saveur et texture sont à leur optimum lorsqu'ils sont cueillis sur la plante.
Savourez-les crus ou cuits dans des plats méditerranéens ou asiatiques.

Culture

Quand acheter ou semer

Semez en mars (voir p. 204-205) dans
des godets de terreau de semis ou achetez
des plants plus tard en saison. Rempotez
une ou deux fois dans des pots plus grands.

Lumière et température

Ces plantes mexicaines apprécient
la chaleur ! Les graines demandent 18-25 °C
pour germer. Cultivez ensuite les plants
dans une pièce chaude et ensoleillée, près
d'une fenêtre ou sous une fenêtre de toit.

Arrosage

Arrosez tous les 1-2 jours, surtout
par temps chaud. Préférez les pots munis
de trous de drainage pour éviter
l'humidité stagnante.

Entretien

Tuteurez les grandes plantes (p. 160).
À partir de la floraison, donnez une fois par
semaine un engrais riche en potassium.
Vaporisez les fleurs tous les 2-3 jours pour
favoriser la fructification et aérez.

Récolte

Les poivrons mûrs sont fermes au toucher,
de la teinte et de la taille annoncées sur
l'étiquette. Cueillez-les régulièrement pour
stimuler la poursuite de la floraison.

Variétés d'intérieur

Les poivrons existent dans toute une palette
de couleurs. Les types verts qui virent au jaune,
orangé ou rouge sont plus doux à maturité.

'MOHAWK' ▶
Une variété à port
compact, semi-
retombant, parfaite
pour la culture en
pot sur un appui de
fenêtre ensoleillé.
Belle récolte de petits
poivrons cubiques,
orangés à maturité.
Hauteur et étalement :
50 × 40 cm

'LUNCHBOX MIX' ⬢
Cette variété peu courante,
de taille moyenne, produit des
petits fruits d'abord verts, puis
en mélange de jaune, orangé et
rouge, très décoratifs par ailleurs.
Hauteur et étalement :
90 × 45 cm

◀ **'THOR'**
Cette grande plante
au port élégant porte
des poivrons rouges,
longs, à saveur douce
et texture croquante.
Idéal pour les salades,
le gril ou le barbecue.
Hauteur et
étalement :
150 × 60 cm

'TEQUILA' ⬢
Ces poivrons à peau
pourpre foncé et chair
blanche contrastent
joliment avec les variétés
à fruits jaunes ou rouges.
Ils virent au rouge
à maturité.
Hauteur et étalement :
90 × 45 cm

◀ **'LUTEUS'**
Les fruits d'abord verts,
puis jaunes et doux, sont
portés sur une plante
à port compact, qui
se prête bien à la culture
sur un appui de fenêtre
ensoleillé.
Hauteur et étalement :
60 × 40 cm

Les fruits miniatures se succèdent pendant plusieurs semaines d'août à septembre.

◀ 'BONETA'
Une variété aux fruits miniatures passant du vert clair au rouge vif en fin d'été, bien mis en valeur par un feuillage vert soutenu.
Hauteur et étalement : 50 × 40 cm

Côté cuisine

Déguster les poivrons
Faites griller des demi-poivrons rouges avec des brocolis et des rondelles d'oignons rouges. Servez en garniture avec une viande ou des crevettes.

Plat de poivrons grillés

Coupez le haut de quelques poivrons, épépinez-les, puis farcissez-les d'un mélange de couscous cuit, pignons, olives, feta, tomates séchées et basilic. Couvrez de papier cuisson et passez 20 minutes au four chaud.

Préparez une délicieuse sauce à servir avec des pâtes : poivrons grillés rouges et jaunes, oignons revenus, tomates en boîte, ail et bouillon de légumes.

Fruits

Une pièce ensoleillée est idéale pour cultiver des fruits tels que les figues, oranges et
pêches. Si vous pouvez accueillir ces belles
plantes, vous récolterez des fleurs et fruits
délicieux pendant de longues années.

Généralités sur les fruits d'intérieur

Cultivez des fraises, nectarines, pêches, agrumes et autres **fruits** pour apporter un **parfum d'été** et des **saveurs exotiques** à votre jardin d'intérieur.

Saveurs exotiques

Le jardin d'intérieur permet de cultiver des fruits exotiques qui ne survivraient pas dehors aux hivers rigoureux. Le coqueret du Pérou, par exemple, est facile à cultiver sur un appui de fenêtre intérieur. Avec des arrosages quotidiens, il n'aura aucun mal à produire ses baies dorées. Le goyave-ananas s'y cultive aussi aisément ; dans une ambiance chaude, il produira des fruits et fleurs comestibles.

Frais et acidulés

Les agrumes ne sont pas toujours faciles à cultiver à l'intérieur car ils ont besoin de fraîcheur en hiver, mais si vous pouvez leur offrir des conditions favorables, vous apprécierez ces belles plantes aux fleurs parfumées et aux fruits colorés. Riches en minéraux et en vitamines, notamment en vitamine C, ils s'utilisent dans toute une série de plats et boissons sucrés et salés. Essayez aussi le combava, très prisé en Asie pour ses feuilles à la saveur acidulée – un ingrédient typique des caris et des sautés de viande – et ses fruits verts bosselés.

Un parfum d'été

Les fraisiers et les arbres fruitiers tels que le pêcher et le nectarinier se plairont dans une pièce chaude et ensoleillée. Vous devrez toutefois polliniser les fleurs à la main pour obtenir des fruits. Comme les agrumes, ces espèces fruitières ont besoin de fraîcheur en hiver – si cette saison n'est pas trop rigoureuse, vous pouvez laisser vos fraisiers sur un appui de fenêtre extérieur. Avec leur teneur élevée en vitamines, minéraux et antioxydants, ces fruits sont excellents pour la santé quand on les consomme juste après la cueillette.

Les meilleures zones pour les fruits

Toutes les espèces fruitières d'intérieur exigeant de la lumière et de la chaleur pour fructifier, les emplacements les plus appropriés sont les zones 1, 2 et 3. La plupart d'entre elles requièrent aussi un local frais pour l'hivernage.

Zone 1

Fenêtres au sud
Cet environnement chaud et ensoleillé favorise la maturation des fruits. Pensez à tourner régulièrement les plantes pour que tous les côtés soient également exposés au soleil.

Zone 2

Fenêtres à l'est et à l'ouest
Vous pouvez espérer une bonne récolte si vous mettez vos plantes près d'une grande fenêtre à l'est ou à l'ouest – si elle n'est pas assombrie par des ombres portées.

Zone 3

Sous une fenêtre de toit
Cette situation convient aux espèces fruitières, surtout si la pièce possède aussi une fenêtre verticale. Pour les fraisiers, elle ne doit toutefois pas être trop chaude.

Zone 4

Murs
Un mur lumineux non exposé au soleil direct peut convenir à des fraisiers, notamment les fraisiers des bois. Les arbres fruitiers sont trop grands pour ce type d'emplacement.

Zone 5

Coins sombres
Vous pouvez essayer de cultiver des fraisiers sous lumière de culture. En revanche, cela est inenvisageable pour les arbres fruitiers.

Zone 6

Centre d'une pièce
Les fraisiers peuvent s'y plaire. Vous pouvez aussi essayer de cultiver des arbres fruitiers au centre d'une pièce au sud si elle a des grandes baies vitrées.

Zone 7

Pièce au sud fraîche (non chauffée)
Ces pièces sont idéales pour faire hiverner les agrumes, figuiers, pêchers et nectariniers qui ont besoin de fraîcheur en hiver pour fructifier l'année suivante.

Zone 8

Appui de fenêtre extérieur
Cet endroit convient aux fraisiers ainsi qu'au coqueret du Pérou une fois passées les dernières gelées. Les arbres fruitiers se plairont sur un balcon ensoleillé en été.

{ Niveau 2 moyen }

Étagères de fraises des bois

Les **fraisiers des bois** s'accommodent d'un espace lumineux sans soleil direct, ce qui en fait un **bon choix** pour les pièces n'ayant ni fenêtres au sud, ni fenêtre de toit. La **disposition** en étagères les met en valeur (voir projet p. 170).

Faites hiverner les fraisiers des bois dans une pièce fraîche ou sur un balcon abrité.

Cultiver des fraisiers des bois

Ces fraisiers sauvages poussent naturellement en sous-bois. Ils donnent des fruits plus petits que les fraisiers horticoles. Pour être sûr d'obtenir une récolte abondante, vous devez cultiver vos plants dans une pièce lumineuse mais pas trop chaude – idéalement entre 16 et 21 °C. Relativement résistants aux ravageurs et aux maladies, ils produisent des petites fraises parfumées à partir du début de l'été – à condition de polliniser les fleurs à la main, comme expliqué ci-dessous.

Les enfants adorent les petites fraises des bois.

Fraiser des bois en fruits *(Fragaria vesca)*

Entretien

Quand les fleurs apparaissent, apportez un engrais riche en potassium tous les quinze jours. En l'absence d'insectes pollinisateurs, vous devez assurer la tâche vous-même. Transférez le pollen d'une fleur à l'autre à l'aide d'un petit pinceau propre. Pour être sûr que toutes les fleurs ont été pollinisées, répétez l'opération plusieurs fois par semaine.

Effleurez chaque fleur avec un pinceau propre tous les un ou deux jours.

Fraiser des bois 'Scarlet Beauty'

Pollinisation manuelle des fraisiers

Le fraisier
des bois produit
ses petits fruits
du début de l'été
à l'automne.

Fabriquées à partir
de caisses de vin en bois,
ces **étagères** offrent juste
l'espace nécessaire
pour permettre à de
petits fraisiers des bois
de produire quelques
délicieux fruits.

Infos culture en bref

**3-4 heures
en tout**

**Partiellement
ombragé**

**Arrosez
tous les 2-3 jours.**

**À partir
de la floraison,
apportez tous les
15 jours un engrais
riche en potassium.**

**Récoltez
à partir
du début
de l'été.**

Projet »

IL VOUS FAUT :

- plaque de contreplaqué de 18 mm, d'environ 75 × 55 cm ;
- peinture ardoise ou peinture émulsion ;
- scie égoïne ;
- surface plate (vieille table) ;
- crayon ;
- tasseau de bois de 25 × 38 mm, longueur en fonction des dimensions de la caisse ;
- rapporteur ;
- 1 caisse de vin en bois ;
- perceuse et jeu de forets ;
- 16 vis M8 cruciformes de 30 mm pour les lattes et la caisse ;
- 4 vis M10 cruciformes de 80 mm pour fixer l'étagère ;
- 2 sacs-poubelle en plastique épais noir ou enduit d'étanchéité ;
- 2 doublures en coco pour panier suspendu ;
- 8-10 plants de fraisiers des bois ;
- terreau universel.

Arrosez tous les deux jours afin de garder le terreau toujours un peu humide.

Réaliser une **étagère** de fraises des bois

Si vous avez des notions de base en menuiserie et l'outillage nécessaire, vous n'aurez aucun mal à transformer une vieille caisse en bois en une étagère où cultiver un petit groupe de fraisiers des bois.

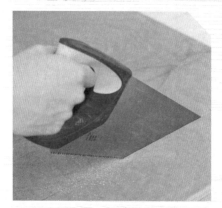

1 Découpez le contreplaqué aux dimensions voulues – assurez-vous que vous pourrez y fixer au moins deux étagères. Appliquez deux couches de peinture ardoise ou émulsion.

2 À l'aide du rapporteur et du crayon, marquez un angle de 45° dans le coin inférieur d'une des faces de la caisse. Tracez une ligne droite jusqu'au bord. Faites de même de l'autre côté.

3 Découpez à la scie le long de la ligne. Détachez la partie sciée en faisant levier, puis retirez les clous. Répétez l'opération de l'autre côté.

4 Posez le « tableau noir » à plat. Centrez les deux éléments sciés, l'un au-dessus de l'autre. Placez le tasseau contre le bord intérieur de l'un des éléments et tracez-y un trait au niveau du bord.

5 Coupez le tasseau à 45° le long du trait. Répétez l'opération pour obtenir les quatre supports qui seront plaqués à l'intérieur des éléments sciés (voir ci-dessus). Repérez au crayon la position des éléments sur le tableau.

6 Percez des avant-trous aux deux extrémités des supports. Retirez un des éléments du tableau, puis fixez deux supports en suivant les repères ; vérifiez qu'ils sont bien positionnés avant de poser les vis.

7 Répétez l'opération avec les deux supports restants, puis replacez les éléments sciés dessus. Fixez les deux côtés à l'aide de vis placées en haut et en bas.

8 Fixez le tableau au mur avec une vis dans chaque angle. Doublez les éléments sciés avec les sacs-poubelle ou peignez-les avec un enduit d'étanchéité.

9 Vous pouvez mettre les plants de fraisiers dans les bacs avec leur pot ou tapisser les caisses avec une doublure en coco, les remplir de terreau et y planter les fraisiers.

Arrosage et fertilisation

Arrosez les fraisiers deux ou trois fois par semaine afin de garder le terreau légèrement humide. À l'apparition des fleurs, pollinisez-les à la main et commencez à apporter un engrais riche en potassium tous les quinze jours. Achetez des nouveaux plants chaque année ou faites-les hiverner dans une pièce fraîche ou à l'extérieur.

Fertilisez les fraisiers quand les fleurs apparaissent.

Fraisiers

Fragaria sp.

Avec un peu de soin et d'attention, il est possible de produire des fraises en intérieur. À moins qu'elles soient sur un appui de fenêtre extérieur ou un balcon, où les abeilles peuvent venir les butiner, vous devez les polliniser à la main.

Les fraisiers produisent des fruits pendant deux ou trois ans.

'Albion', variété remontante

Culture

Quand acheter ou semer

La plupart des fraisiers sont disponibles en godets ou racines nues au printemps. Le fraisier des bois peut être semé dans des petits pots remplis de terreau pour semis (la levée survient après quelques semaines).

Lumière et température

Le fraisier des bois aime les situations mi-ombragées, comme un mur ou un appui de fenêtre à l'est ou à l'ouest. Le fraisier à gros fruits s'accommode d'une exposition moyenne, mais produit plus de fruits en plein soleil. Les plantes se plaisent entre 13 et 21 °C.

Arrosage

Arrosez peu mais assez fréquemment. Évitez toute humidité excessive qui risquerait de faire pourrir les plantes. Réduisez l'arrosage en hiver.

Entretien

Apportez un engrais riche en potassium toutes les une à deux semaines quand les fleurs apparaissent. À l'intérieur, pollinisez les fleurs plusieurs fois par semaine (p.168). À l'extérieur, protégez les fruits avec un filet anti-oiseaux. Retirez les vieilles tiges et feuilles flétries en hiver ; la croissance reprendra au printemps.

Récolte

Cueillez les fraises quand elles sont bien colorées, encore fermes et sucrées. Une récolte régulière favorise la formation de nouveaux fruits.

Tassez le sol.

Plantation des fraisiers en racines nues

Dès que vous avez récupéré des plantes, immergez-les en racines nues 10 minutes dans l'eau, puis plantez-les dans des pots munis de trous de drainage, dans un terreau universel de bonne qualité. Le pot doit être assez haut pour que le collet (point de jonction entre la tige et la racine) soit à niveau avec la surface du terreau et que les racines puissent s'étaler sans se plier – au besoin, coupez-les à 10 cm. Après la plantation, arrosez copieusement au-dessus d'un évier.

Sélection de variétés d'intérieur

Outre le fraisier des bois, à petits fruits, on distingue les fraisiers non remontants, qui ne produisent qu'une seule grosse récolte dans l'année, en début d'été, et les fraisiers remontants, dont la production s'étale de l'été à l'automne.

'ALBION' ⬟
(*Fragaria* x *ananassa* 'Albion')
Cette variété remontante produit de juin à fin septembre des fruits rouge foncé à la saveur douce et parfumée. Elle est résistante aux maladies.
Hauteur et étalement : 20 × 30 cm

'HONEOYE' ⬟
(*Fragaria* x *ananassa* 'Honeoye')
Les fruits rouge vif de cette variété non remontante ont un parfum exquis et une texture ferme mais juteuse.
Hauteur et étalement : 20 × 30 cm

'SNOW WHITE' ⬟
(*Fragaria* x *ananassa* 'Snow White')
Cette variété inhabituelle donne des fraises blanches à graines rouges, avec une saveur d'ananas. À l'extérieur, les oiseaux ne voient pas les fruits.
Hauteur et étalement : 40 × 50 cm

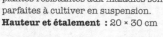

FRAISIER DES BOIS ▶
(*Fragaria vesca*)
Produisant de l'été à l'automne, ces plantes résistantes aux maladies sont parfaites à cultiver en suspension.
Hauteur et étalement : 20 × 30 cm

◀ 'FRAU MIEZE SCHINDLER'
(*Fragaria* x *ananassa* 'Frau Mieze Schindler')
Cette variété produit de nombreux fruits sucrés à la saveur exceptionnelle en juin-juillet.
Hauteur et étalement : 30 × 40 cm

'MARA DES BOIS' ⬟
(*Fragaria* x *ananassa* 'Mara des Bois')
Les grands chefs apprécient le parfum délicieux de cette variété remontante, qui rappelle celui des fraises des bois. Elle produit tout l'été.
Hauteur et étalement : 20 × 30 cm

Côté cuisine

Mettez une couche de fraises coupées en dés et une autre de crème battue entre deux biscuits sablés, décorez de deux tranches de fraise et servez avec le thé.

Pour une salade colorée, **mélangez** fraises tranchées, pousses d'épinard et amandes effilées.

Pour des glaces, **mixez** des fraises, du yaourt et du miel, versez le mélange dans des moules et mettez au congélateur.

Arrosez des fraises des bois de liqueur de fraise, mettez au réfrigérateur une nuit et servez nappé de crème anglaise à la fleur de sureau.

Sablés à la crème et aux fraises

Infos culture en bref

2 heures en tout

Plein soleil

Arrosez tous les 1-2 jours.

Apportez un engrais riche en potassium 1 fois par semaine quand les fleurs s'ouvrent.

Récoltez les fraises à maturité et les fleurs épanouies.

{ Niveau 1 *facile* }

Jardinière de fruits et fleurs

Posée sur un **appui de fenêtre extérieur**, cette **jardinière de fraisiers**, capucines et soucis vous donnera des **ingrédients insolites** pour vos salades sucrées et salées.

Les fraisiers sont plus productifs à l'extérieur car les fleurs sont pollinisées par les insectes.

IL VOUS FAUT : • jardinière • terreau universel enrichi en engrais
• 3 plants de fraisier remontant (voir p. 173 pour les variétés)
• 3 plants de souci (*Calendula officinalis*) • 2 plants de capucine (*Tropaeolum majus*) • paillis (gravier ou coquilles de coquillages concassées) • arrosoir muni d'une pomme.

Tassez doucement le terreau entre les plantes pour chasser les poches d'air.

1 Si la jardinière n'a pas de trous de drainage, percez-en plusieurs. Mettez dans le fond une couche de 5 cm de terreau universel enrichi en engrais. Arrosez bien les godets et laissez l'eau en excès s'égoutter.

2 Plantez les fraisiers et les capucines à l'avant, en alternant les plants. Plantez les soucis, plus hauts, à l'arrière, en quinconce. Vérifiez que toutes les racines sont recouvertes de terreau.

3 Arrosez copieusement pour assurer un bon contact entre la terre et les racines et laissez égoutter. Couvrez la surface avec du gravier ou des coquilles de coquillages concassées pour maintenir l'humidité dans le terreau (voir aussi p. 201). Mettez la jardinière sur un appui de fenêtre.

Récoltez régulièrement les fleurs des capucines et soucis pour inciter les plantes à en produire de nouvelles.

Mêlant fleurs et fruits, cette jardinière restera décorative tout l'été. Arrosez régulièrement les plantes, même par temps humide.

Apportez un engrais riche en potassium une fois par semaine dès que les fleurs apparaissent.

Produire ses **feuilles de combava**

Niveau 2 moyen

Épicez vos caris et plats de poisson avec des **feuilles de combava** de votre propre production. Les feuilles aromatiques s'utilisent **fraîches ou séchées**. La plante elle-même fera bel effet dans votre décor intérieur.

Feuilles de combava

IL VOUS FAUT : • plant de combava • grand pot en plastique • terreau pour agrumes • cache-pot d'au moins 30 cm de profondeur et 18 cm de diamètre • engrais pour agrumes • arrosoir.

Récoltez les feuilles selon vos besoins ou coupez un rameau pour les faire sécher.

1 Sortez le combava de son pot. Si les racines s'enroulent autour de la motte, rempotez-le dans un pot légèrement plus grand, dans un terreau pour agrumes (voir p. 182-183). Arrosez bien, puis mettez la plante dans un cache-pot. Fertilisez comme indiqué p. 178 et 180, ou utilisez un engrais à libération lente (à gauche).

2 Mettez le combava dans un endroit chaud et ensoleillé l'été. Gardez-le dans une pièce fraîche et lumineuse l'hiver. Augmentez l'hygrométrie en plaçant le cache-pot sur une soucoupe remplie de gravier et d'eau. Couvrez le terreau de mousse pour limiter l'évaporation.

3 Récoltez les feuilles du printemps à l'automne – pas en hiver, car la plante est au repos. Utilisez les feuilles fraîches – vous pouvez aussi les congeler – ou faites-les sécher en suspendant un rameau à l'envers. Stockez les feuilles sèches dans un contenant hermétique.

Le **combava** est un arbre, il prend donc de l'ampleur avec l'âge. Vérifiez que vous ayez suffisamment de place dans une pièce lumineuse avant de l'acheter.

Cultivez votre combava avec un piment ; ces deux plantes à épices aiment le soleil.

Ne prélevez qu'un rameau ou quelques feuilles bien développées à la fois.

L'excès d'arrosage peut tuer la plante. Si le terreau est détrempé, videz l'eau stagnante et laissez-le sécher.

Citronniers et limettiers

Citrus sp.

Avec leur saveur acidulée, les citrons et limes sont des ingrédients prisés pour les boissons, desserts et plats salés. À l'intérieur, créez un environnement qui rappelle le climat méditerranéen.

Un citronnier exige au moins 6 heures de soleil pour que ses fruits mûrissent.

Citronnier 'Meyer'

Culture

Quand acheter ou semer

Vous pouvez acheter ces agrumes toute l'année. En choisissant un arbre déjà pourvu de fruits, vous êtes sûr qu'il est apte à produire. Le citronnier préfère les sols légèrement acides – mélangez 1 part de terreau pour agrumes et 1 part de terreau à base de terre végétale. La taille du pot dépend de celle de la plante, mais, généralement, il faut au moins 30 cm de hauteur et 18 cm de diamètre.

Lumière et température

Les citronniers et limettiers exigent la lumière directe du soleil en été et en hiver. Ils se plairont dans une pièce exposée au sud et bien éclairée. Pour fructifier, ils ont besoin d'une période au frais en hiver – l'idéal étant une pièce non occupée ou véranda non chauffée. Si vous avez un balcon ou une terrasse, sortez-les en été.

Arrosage

Maintenez le terreau humide, mais pas détrempé. Posez le cache-pot sur une soucoupe remplie de gravier et d'eau pour augmenter l'hygrométrie et vaporisez la plante avec de l'eau de pluie deux ou trois fois par semaine du printemps à l'automne.

Entretien

De novembre à avril, apportez une fois par mois un engrais pour agrumes dilué. D'avril à octobre, apportez une fois par semaine un engrais pour agrumes. Voir p. 206 pour la taille.

Variétés d'intérieur

Il existe plusieurs variétés pouvant être cultivées à l'intérieur. Préférez les plants compacts, greffés sur porte-greffe nanifiant. Adressez-vous à un pépiniériste spécialisé pour trouver la plante la plus adaptée à votre pièce. Voici un choix d'espèces possibles.

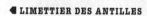

LIMETTIER DE PERSE ⬤
(*Citrus* x *latifolia*)
Aussi appelé limettier de Tahiti, cet arbre donne les citrons verts classiques. La plante produit des fruits sans pépins toute l'année. Choisissez un arbre greffé sur porte-greffe nanifiant comme le *Poncirus trifoliata* 'Flying Dragon'.
Taille du fruit : environ 5-6 cm

◀ LIMETTIER DES ANTILLES
(*Citrus* x *aurantiifolia*)
Cet arbre compact produit rapidement des citrons verts juteux. Il est plus sensible au froid que le citronnier.
Taille du fruit : environ 5 cm

COMBAVA ▶
(*Citrus hystrix*)
Feuilles et fruits sont utilisés dans la cuisine asiatique. Assez facile à cultiver, la plante peut être hivernée à température un peu plus élevée.
Taille du fruit : environ 8-10 cm

CITRONNIER 'MEYER' ⬤
(*Citrus* x *limon* 'Meyer')
Cet arbre compact dépasse rarement 1,8 m de haut. Il produit des citrons à la peau épaisse avec une saveur de citron classique.
Taille du fruit : environ 8-10 cm

Côté cuisine

Saveur acidulée

Riches en vitamine C, les citrons et limes agrémentent cocktails et boissons.

Pressez le jus de plusieurs limes et citrons, puis ajoutez-y de l'eau et du sucre pour une boisson vivifiante.

Mélangez du beurre avec le zeste d'un citron et du romarin émietté, puis glissez le tout sous la peau d'un poulet. Mettez le citron à l'intérieur du poulet et faites cuire le temps nécessaire.

Quand récolter

Les citrons et limettiers fleurissent à la fin du printemps, puis les fruits mettent de six à douze mois à se développer. De ce fait, un arbre porte souvent fleurs et fruits en même temps. Récoltez les citrons quand ils virent au jaune et prennent un aspect brillant. Les limes sont jaunes à maturité, mais on les récolte quand elles sont encore vertes et fermes.

Cueillette et conservation

En général, les fruits mûrissent de façon échelonnée. Il n'y a donc pas de pic de récolte, notamment sur les petits arbres. Cueillez les fruits à l'aide d'un sécateur ou de ciseaux affûtés ou prenez-les dans la main et faites-les tourner jusqu'à ce qu'ils se détachent de l'arbre. Utilisez les fruits frais ou découpez-les en tranches et congelez-les – un mode de conservation idéal pour les boissons d'été.

Citrons confits en bocaux

Mettez des petits citrons dans un bocal stérilisé avec herbes et épices. Couvrez de jus de citron salé. Laissez mariner quelques semaines et, si nécessaire, ajoutez du jus de citron. Utilisez ces fruits confits pour les tajines.

Rincez les citrons confits avant de les utiliser.

Niveau 2 *moyen*

Orangers en pots : une pièce ensoleillée

Installez vos plants de calamondin et de kumquat près d'une fenêtre ensoleillée ou sous une fenêtre de toit, à l'écart des radiateurs, convecteurs et foyers ouverts.

Le **calamondin** et le **kumquat** donnent facilement des fruits quand ils sont cultivés dans une pièce ensoleillée. Les calamondins sont parfaits pour les **marmelades** tandis que vous pouvez **manger** la peau et la chair des kumquats.

IL VOUS FAUT : • soucoupe • billes d'argile • terreau pour agrumes • engrais pour agrumes ou terre de bruyère • sels d'Epsom • chélate de fer • vaporisateur.

Arrosage et fertilisation

Les agrumes préfèrent les sols acides. Si votre eau est calcaire, arrosez-les avec de l'eau de pluie ou de l'eau filtrée. Arrosez très peu en hiver, mais maintenez le terreau humide en permanence du printemps à l'automne. Fertilisez régulièrement avec un engrais pour agrumes, dilué en hiver. Vaporisez la plante une fois par semaine avec un mélange à parts égales de sels d'Epsom et de chélate de fer dilué dans de l'eau pour maintenir le feuillage vert.

Les fruits mettant presque un an à mûrir, la plante porte souvent fleurs et fruits en même temps.

Un environnement idéal

Pour maintenir une ambiance humide autour de la plante en été, posez le cache-pot sur une grande soucoupe remplie de billes d'argile et d'eau. Le calamondin et le kumquat aiment le soleil et la chaleur en été, mais ont besoin de fraîcheur en hiver. L'idéal est de pouvoir les installer dans une véranda non chauffée.

Grâce à leur texture poreuse, les billes d'argile contribuent à augmenter l'hygrométrie autour de la plante.

La récolte des kumquats s'étend sur plusieurs semaines à partir de la fin de l'hiver.

Le calamondin est
l'un des agrumes
les plus faciles
à cultiver à l'intérieur
et donne souvent
de grosses récoltes.

Infos culture en bref

30 minutes de rempotage

Plein soleil ;
18-24 °C
en été,
8-12 °C
en hiver

Arrosez 2-3 fois
par semaine
en été ; moins
souvent en hiver.

Fertilisez 1 fois par
semaine en été ; 1 fois
par mois en hiver.

Récoltez
les fruits
à maturité.

Projet ≫

Rempoter un **calamondin**

Les calamondins cultivés en pots peuvent atteindre 1,80 m de haut, voire davantage. **Rempotez-les** tous les **un ou deux ans** pour les maintenir en bonne santé. Opérez avec précaution si la plante est en fruits, ou cueillez les petites oranges avant de commencer.

Les orangers sont gourmands : fertilisez-les une fois par semaine du printemps à l'automne et une fois par mois en hiver.

IL VOUS FAUT : • pot en plastique une taille au-dessus de l'ancien • terreau pour agrumes ou mélange de terreau universel et de terre de bruyère • engrais pour agrumes • arrosoir ou carafe.

Rempotez les autres orangers au printemps en utilisant la même méthode.

1 Arrosez bien le calamondin et laissez-le s'égoutter dans un évier pendant une heure ou deux avant de le rempoter. Déposez au fond du nouveau pot une couche de terreau pour agrumes ou un mélange de terreau universel et de terre de bruyère.

2 Dépotez délicatement le calamondin en le tenant par le tronc. Posez la motte dans le nouveau pot et assurez-vous que la surface du terreau arrive juste en dessous du bord.

3 Au besoin, ajoutez ou retirez du terreau pour ajuster la hauteur, puis comblez l'espace autour de la motte avec du terreau. Tassez avec les doigts pour éliminer les poches d'air.

4 Après le rempotage, apportez un engrais pour agrumes. Veillez à bien mesurer la poudre avant de la diluer.

5 Mettez le pot en plastique dans un cache-pot. Arrosez et vaporisez la plante tous les deux ou trois jours en été. En hiver, arrosez seulement une fois par semaine et laissez le terreau sécher en surface avant d'arroser de nouveau.

Orangers

Citrus sp.

Les orangers sont des plantes d'intérieur prisées pour leurs fruits colorés et leurs fleurs parfumées ; la plupart donnent leurs fruits en fin d'hiver et début de printemps.

Culture

Quand acheter ou semer

Les orangers sont disponibles toute l'année. Si les racines sont enroulées autour de la motte, rempotez le plant (voir p. 182-183).

Lumière et température

Plantes de soleil, les orangers ont aussi besoin de fraîcheur en hiver pour produire leurs fruits. Une pièce inoccupée ou une véranda non chauffée est idéale pour les faire hiverner. En été, mettez-les dans un endroit chaud et ensoleillé, et ouvrez les fenêtres pour renforcer la ventilation.

Arrosage

Gardez le terreau humide, mais pas détrempé. Réduisez l'arrosage en hiver. Posez les pots sur une soucoupe remplie de gravier et d'eau pour augmenter l'hygrométrie.

Entretien

Apportez un engrais pour agrumes une fois par semaine d'avril à octobre et, le reste de l'année, le même engrais dilué de moitié une fois par mois.

Récolte

Les fruits mûrs peuvent rester quelques semaines sur la plante avant d'être récoltés. Coupez-les avec un sécateur.

Variétés d'intérieur

Achetez des arbres naturellement petits, comme les kumquats, ou des orangers sur porte-greffes nanifiants – qui pourront quand même atteindre 1,8 m de haut, voire davantage.

◀ **ORANGER DOUX**
(Citrus sinensis)
Achetez un plant sur porte-greffe nanifiant. Il donnera des oranges identiques à celles qu'on trouve en magasin.
Taille du fruit : environ 10 cm

MANDARINIER ▶
(Citrus reticulata)
Ces petits arbres produisent des fruits à la peau grumeleuse, faciles à éplucher.
Taille du fruit : environ 6 cm

◀ **KUMQUAT**
(Citrus japonica)
La peau et la chair de ces fruits ovales sont comestibles ; la peau est même plus sucrée que la chair.
Taille du fruit : environ 6 cm

CALAMONDIN ▶
(x Citrofortunella microcarpa)
Facile à cultiver en appartement, cet agrume produit dès son plus jeune âge des petits fruits amers, très bons en marmelade.
Taille du fruit : environ 5-6 cm

Les orangers ont besoin de soleil toute l'année et d'une bonne ventilation en été.

Les fruits mûrs restent sur la plante plusieurs semaines sans pourrir.

Calamondin

Côté cuisine

Sucré et salé

Arrosez des tranches d'orange pelée d'eau de rose et de miel. Décorez de cannelle, baies de grenade, pistaches et menthe.

Mélangez des feuilles de salade avec des quartiers de mandarine, des amandes grillées et du gorgonzola.

Faites griller des brochettes de kumquats entourés de gambas marinées.

Préparez une salade de fruits estivale avec des dés d'orange, de pamplemousse, d'ananas et de melon ; ajoutez des grains de raisin noir et des graines de grenade.

Salade de fruits estivale

Posez votre figuier sur une table ou un tabouret – ou par terre s'il est grand – à côté d'une grande baie vitrée afin qu'il reçoive un maximum de lumière.

Les figues se teintent de pourpre en fin d'été et début d'automne.

Les plantes fructifient mieux dans un pot un peu étroit.

Cultiver un **figuier**

Niveau 2
moyen

Avec ses feuilles découpées et sa silhouette sculpturale, le figuier fait une **belle plante d'intérieur**. Si vous encouragez le vôtre à produire aussi des **fruits**, vous aurez tout gagné (voir projet page suivante).

Trouver le bon emplacement

Le figuier (*Ficus carica*) est un arbre ou grand arbuste, mais il est possible de limiter sa croissance en contraignant les racines dans un pot – il pourra quand même atteindre 1,2 m de haut et 1 m de large, voire plus. Comme les agrumes, il a besoin de soleil et de chaleur en été et de fraîcheur en hiver. Quand il a perdu ses feuilles, transférez-le dans une pièce non chauffée (il s'accommode à ce moment d'une intensité lumineuse plus faible).

Les fleurs du figuier sont invisibles car elles sont cachées à l'intérieur de la figue.

Choisir un figuier d'intérieur

Choisissez dans une jardinerie un figuier ayant été élevé en pot et présentant déjà quelques ébauches de fruits ou figues mûres sur les tiges. Vous pouvez acheter des plantes déjà formées, en tige ou en gobelet. Sinon, optez pour une plante moins chère et effectuez vous-même la taille de formation (p. 207).

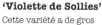

'Violette de Sollies'
Cette variété a de gros fruits violet foncé, presque noirs à maturité, et des feuilles inhabituelles, finement dentées. Les figues sont bonnes à récolter de septembre à novembre.

Les fruits de 'Violette de Sollies' ont une chair parfumée.

Récoltez les figues quand elles sont moelleuses.

'Brown Turkey'
Cette variété d'extérieur pousse aussi bien à l'intérieur. Les gros fruits bruns ont une chair rouge sucrée. Taillez les longues racines pour limiter la croissance.

'Brunswick'
Les gros fruits à peau verte, hâtifs, sont sucrés et parfumés. Cette variété peut rester sur un balcon toute l'année en climat doux.

Projet ≫

Cultiver un figuier à l'intérieur

La plupart des figuiers produisent assez facilement de nombreux **fruits qui arrivent à maturité** entre la **fin de l'été** et la **mi-automne**. Des rempotages réguliers dans des pots de plus en plus grands favorisent la **croissance**, tandis qu'une taille **appropriée** augmente la **productivité**.

Au printemps, coupez les tiges grêles qui ne produiront pas de fruits.

IL VOUS FAUT : • pot avec trous de drainage • soucoupe • terreau végétal • sable horticole • granulés d'engrais à libération lente • engrais d'algues marines • arrosoir • porte-plantes roulant (facultatif) • sécateur.

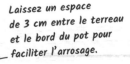

Laissez un espace de 3 cm entre le terreau et le bord du pot pour faciliter l'arrosage.

1 Bien que plus productif quand ses racines sont un peu à l'étroit, le figuier a besoin d'être rempoté chaque année au printemps dans un pot plus grand – environ 5-8 cm plus large et 3-5 cm plus profond que le précédent.

2 Mettez une couche de terreau mélangé à une poignée de sable dans le fond du nouveau pot. Dépotez le figuier et démêlez doucement les racines enroulées autour de la motte pour les encourager à pousser dans le terreau frais.

3 Posez la plante dans le pot et comblez l'espace autour de la motte avec du terreau. Enterrez les granulés d'engrais à libération lente dans la couche supérieure du terreau et tassez avec les doigts pour éliminer les poches d'air.

Arrosez seulement une fois par semaine en hiver.

4 Posez le pot sur une soucoupe près d'une fenêtre ensoleillée ou sous une fenêtre de toit. Arrosez tous les deux ou trois jours d'avril à octobre afin de maintenir le terreau humide, mais pas détrempé.

5 Six à huit semaines après la plantation, apportez tous les quinze jours un engrais à base d'algues pour fortifier la plante. Apportez un engrais riche en potassium quand les fruits se forment.

Taille

En hiver, coupez les tiges mortes ou malades (celles qui sont brunes et cassantes) en les rabattant au niveau du bois sain (clair). Supprimez les pousses mal orientées. En juin, coupez l'extrémité des nouvelles pousses de l'année de manière à conserver des tiges à 4 ou 5 feuilles. En novembre, supprimez les fruits qui n'ont pas mûri, sauf ceux qui ne sont pas plus gros qu'un pois – ils passeront l'hiver et mûriront l'été suivant. Les fruits qui se développent au printemps seront également mûrs à l'automne.

6 Tournez la plante toutes les une ou deux semaines pour que tous les côtés reçoivent autant de lumière. Arrosez quotidiennement quand il fait chaud en été, pendant la phase de développement des fruits.

Posez le figuier sur un porte-plantes roulant pour le déplacer facilement.

Taille de printemps
Pour favoriser la croissance des fruits, taillez toutes les tiges juste au-dessus d'une feuille ou d'un petit fruit.

Taille d'automne
Après la chute des feuilles, supprimez tous les fruits qui n'ont pas mûri, sauf ceux qui sont plus petits qu'un pois.

Pêchers et nectariniers

Prunus persica

Ces arbres fruitiers pourront pousser à l'intérieur si vous les mettez
dans une pièce chaude et ensoleillée l'été et dans une pièce plus fraîche en hiver.
Ces deux variétés proches se cultivent de la même façon.

Pêcher
'Bonanza'

Maintenez une forme évasée
en taillant en fin d'hiver
les pousses mal orientées
ou qui se croisent.

Culture

Quand acheter ou semer

Achetez un arbre autofertile en mars ou
avril, soit en pot, soit racines nues. Vérifiez
auprès du pépiniériste qu'il est bien greffé
sur un porte-greffe nanifiant. De retour chez
vous, si votre arbre est racines nues, immergez-
les pendant 10 minutes dans l'eau. Plantez-le
dans un contenant pourvu de trous de drainage
et faisant au moins 45 cm de diamètre avec du
terreau à base de terre végétale. Mettez le pot sur
une soucoupe ou dans un cache-pot légèrement
plus grand. N'ajoutez aucun engrais à ce stade.

Lumière et température

Le pêcher et le nectarinier ont besoin
de beaucoup de soleil du printemps au début
de l'automne. Installez-les près d'une baie vitrée
au sud – tournez le pot toutes les une ou
deux semaines pour une croissance uniforme – ou
sous une fenêtre de toit. En hiver, conservez ces
arbres caducs dans une pièce non chauffée ou
sur un balcon abrité ; leurs besoins en
lumière sont alors plus faibles.

Arrosage

Du printemps au début de l'automne, maintenez
le terreau humide. Arrosez très régulièrement,
car les variations d'humidité pendant la phase
de maturation des fruits font éclater les peaux.
Réduisez les arrosages en hiver ; une fois
par semaine suffit dans une pièce fraîche.

Entretien

Quand les pêchers fleurissent, pollinisez-les en effleurant les fleurs avec un petit pinceau propre deux ou trois fois par semaine. Apportez un engrais riche en potassium tous les quinze jours quand les fleurs apparaissent. Éclaircissez une première fois les fruits à 10 cm quand ils font environ 1-2 cm, puis de nouveau à 20-25 cm quand ils font 2-3 cm. Lorsque les fruits grossissent, supprimez ceux qui sont déformés ou malades. Au printemps, incorporez de l'engrais complet dans le terreau. Rempotez les plantes qui ont les racines à l'étroit tous les deux ou trois ans dans un pot légèrement plus grand, avec du terreau à base de terre végétale.

Récolte

Ne cueillez que les pêches et nectarines bien mûres. Prenez le fruit et tournez-le doucement jusqu'à ce qu'il se détache.

Pollinisation manuelle
Utilisez un petit pinceau pour polliniser les fleurs des arbres cultivés à l'intérieur (p. 207).

Maturation des fruits
Au cours de la maturation, supprimez les fruits montrant des signes de maladies.

Variétés d'intérieur

Choisissez une variété naturellement naine ou ayant été greffée sur un porte-greffe nanifiant. Au besoin, renseignez-vous auprès d'un pépiniériste spécialisé.

◄ **'AVALON PRIDE'**
(*Prunus persica* 'Avalon Pride')
Cet arbre autofertile produit des fleurs roses suivies de fruits juteux et sucrés en août-septembre.
Hauteur et étalement : jusqu'à 1,8 × 1,2 m

'BONANZA' ▲
(*Prunus persica* 'Bonanza')
Cet arbre autofertile est nain mais produit des fruits de taille normale. Il garde naturellement son port compact, sans devoir être taillé.
Hauteur et étalement : 70-80 cm

◄ **'LORD NAPIER'**
(*Prunus persica* var. *nectarina* 'Lord Napier')
Ce nectarinier donne des fruits rouges teintés de jaune, très parfumés en fin d'été.
Hauteur et étalement : 1,8 × 1,2 m

La peau des pêches est duveteuse, celle des nectarines est lisse.

Goyave-ananas

Acca sellowiana

Également appelé feijoa, ce petit arbuste persistant produit des fleurs comestibles et des fruits ovoïdes verts légèrement acidulés, dont la saveur rappelle l'ananas et la goyave. Il a besoin de chaleur presque toute l'année.

Culture

Quand acheter ou semer

Il faut au moins deux plants pour obtenir des fruits. Ils sont disponibles toute l'année, mais vous aurez plus de chance d'avoir des fruits si vous achetez des plantes en fleurs à la fin du printemps. Plantez-les dans des pots munis de trous de drainage, dans de la terre végétale mélangée à un peu de sable. Posez-les dans des soucoupes ou cache-pots.

Lumière et température

Bien qu'originaire du Brésil et exigeant de la lumière et de la chaleur pour fructifier, le goyave-ananas a besoin de quelques semaines au frais en hiver, dans une pièce non chauffée. Il supporte jusqu'à − 12 °C et peut donc passer l'hiver sur une terrasse ou un balcon.

Arrosage

Le goyave-ananas résiste à la sécheresse et redoute l'eau stagnante – le terreau ne doit jamais rester détrempé. Néanmoins, il demande une atmosphère humide, notamment au moment de la floraison et de la fructification.

Les étamines sont longues et saillantes.

Goyave-ananas en fleurs

Entretien

Apportez un engrais riche en potassium une fois par semaine du début de la floraison à la fin de la maturation des fruits, en septembre-octobre. Au besoin, pollinisez les fleurs à la main.

Pollinisez les fleurs à la main en passant un pinceau propre sur les étamines (rouges) et le carpelle (partie centrale de la fleur) deux ou trois fois par semaine.

Récolte

Les fruits tombent quand ils sont mûrs. Pour éviter qu'ils ne s'abîment, tâtez-les doucement pour contrôler leur maturité et, quand ils deviennent moelleux, coupez-les. Les fleurs aussi sont comestibles (voir à droite).

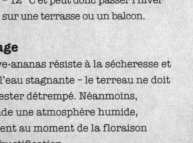

FRUITS EXOTIQUES
Incorporez des tranches de goyave-ananas dans une salade de fruits ou utilisez la chair pour parfumer des smoothies ou un yaourt.

La plante donne en mai-juin des fleurs roses et blanches à l'aspect exotique ; les pétales charnus sont comestibles.

Plant de goyave-ananas

Côté cuisine

Touche exotique

Utilisez les fleurs, douces et parfumées, pour décorer un gâteau glacé.

Ajoutez des goyaves-ananas tranchés, avec ou sans la peau, à une salade de fruits exotiques.

Pour accompagner viandes ou poissons, **mélangez** des morceaux d'oignon rouge et de goyaves-ananas avec du sucre brun et du poivre fraîchement moulu, puis parsemez de feuilles de coriandre ciselées.

Préparez un smoothie en mixant la chair de quelques goyaves-ananas avec des fraises, des pommes et du jus de pomme.

Smoothie exotique

Coqueret du Pérou

Physalis peruviana

Le coqueret du Pérou, ou groseiller du Cap, se distingue par ses feuilles veloutées et ses baies dorées enfermées dans des lanternes jaune pâle. Facile à entretenir, il se plaira dans une pièce chaude et ensoleillée.

Culture

Quand acheter ou semer

Ces plantes mettent longtemps à produire des fruits. Si vous optez pour le semis, semez les graines en fin d'hiver dans un terreau approprié et recouvrez-les légèrement de vermiculite (p. 204). Sinon, achetez des jeunes plantes en jardinerie au printemps et rempotez-les dans un terreau universel ou à base de terre végétale.

Lumière et température

Les graines ont besoin d'une température de 18 à 21 °C pour germer. Mettez les jeunes plantes dans un endroit ensoleillé, comme un appui de fenêtre exposé au sud. La température minimale pour les plantes est d'environ 15 °C.

Arrosage

Le coqueret du Pérou a besoin d'humidité. Arrosez généreusement pour éviter que les plantes ne flétrissent, surtout après l'apparition des fleurs. Utilisez des pots percés de trous de drainage pour éviter que l'eau ne stagne.

Entretien

Rempotez régulièrement dans des pots plus grands. Apportez un engrais riche en potassium tous les quinze jours quand les fleurs apparaissent. Tuteurez les tiges si nécessaire. Faites hiverner la plante dans une pièce fraîche.

Récolte

Récoltez les fruits en automne quand les calices sont desséchés et les baies jaune orangé. Le fruit – la baie encore enfermée dans la lanterne – se conserve un mois à température ambiante.

FLEURS ▶
Les fleurs jaunes tachées de brun au centre n'ont pas besoin d'être pollinisées à la main. Vaporisez-les de temps en temps avec de l'eau pour favoriser la fécondation.

Les fleurs sont autofertiles.

Les baies sucrées sont riches en vitamines A et C et en fer.

Fruits mûrs

FRUITS INSOLITES ▶
Après la floraison, le calice se développe en forme de lanterne autour de la baie. D'abord vert, il vire peu à peu au jaune, puis devient cassant quand la baie qu'il renferme est mûre.

Les petites lanternes pendantes sont très décoratives quand elles se teintent de jaune en fin d'été et en automne.

◄ **PETITES LANTERNES**
Pour l'intérieur, choisissez une variété compacte telle que 'Little Lanterns', qui atteint 90 cm de haut.

Arrosez tous les jours pour éviter que la plante flétrisse et que les fleurs et lanternes tombent.

Côté cuisine

Petites douceurs

Trempez des baies et des fraises dans du chocolat fondu et laissez durcir.

Ajoutez quelques baies à vos pommes pour changer du crumble classique.

Mixez des baies avec du miel et de l'eau, filtrez, puis congelez dans un bac à glaçons. Ajoutez les glaçons dans de grands verres de lait de coco et servez.

Préparez une salade avec des baies coupées en deux, des dés de concombre, de la coriandre fraîche ciselée, du maïs et graines de sésame grillés.

Fruits du coqueret et fraises enrobés de chocolat

Conseils pratiques de culture

Vous trouverez dans ce chapitre des informations sur les soins à donner aux plantes, tels que l'arrosage, la fertilisation et la taille ainsi que des conseils pour conserver vos récoltes d'intérieur et en tirer le meilleur parti.

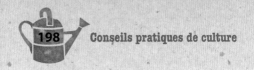

Planification annuelle des **cultures d'intérieur**

Ce calendrier permet de créer un jardin d'intérieur **productif toute l'année**. Il indique les semis et plantations à faire **au fil des saisons**, ainsi que les différentes **périodes de récoltes** espérées. Bien que la saison principale de production s'étende du **printemps à l'automne**, il est aussi possible de récolter des salades fraîches, des graines germées et des fruits (comme les agrumes) en **hiver**.

DU DÉBUT AU MILIEU DU PRINTEMPS

Semer

Aubergine	Graines germées	Piment
Basilic	Jeunes pousses	Poivron
Betterave	Laitue	Pousses d'ail
Carotte	Mizuna et mibuna	Radis
Ciboulette	Oignon vert	Souci
Concombre	Pak-choï	Tomate
Cucamelon	Persil	Viola

Planter (jeunes plants et bulbes)

Calamondin	Kumquat	Persil
Ciboulette	Laitue	Pousses d'ail
Citronnier	Lavande	Primevère
et limettier	Menthe	Radis
Coqueret du Pérou	Mizuna et mibuna	Romarin
Dendrobium	Oignon vert	Sauge
(orchidée)	Oranger	Thym
Figuier	Pak-choï	Tulipe
Fraisier	Pâquerette	Viola
Goyave-ananas	Pêcher et nectarinier	

Récolter

Calamondin ♂	Jeunes pousses ◔	Persil ◔
Champignon	Kumquat ♂	Primevère ◔
Ciboulette ◔	Laitue ◔	Romarin ◔
Citronnier	Menthe ◔	Sauge ◔
et limettier ♂	Mizuna et mibuna ◔	Thym ◔
Dendrobium	Oranger ♂	Tulipe ✳
(orchidée) ✳	Pak-choï ◔	Viola ✳
Graines germées ⚇	Pâquerette ✳	

À LA FIN DU PRINTEMPS

Semer

Basilic	Cucamelon	Pak-choï
Betterave	Graines germées	Persil
Capucine	Jeunes pousses	Radis
Carotte	Laitue	Souci
Ciboulette	Mizuna et mibuna	Tomate
Concombre	Oignon vert	

Planter (jeunes plants et bulbes)

Aubergine	Figuier	Piment
Basilic	Fraisier	Poivron
Betterave	Goyave-ananas	Pousses d'ail
Calamondin	Kumquat	Primevère
Capucine	Laitue	Radis
Carotte	Lavande	Romarin
Ciboulette	Menthe	Sauge
Citronnier	Mizuna et mibuna	Souci
et limettier	Oignon vert	Stévia
Concombre	Oranger	Thym
Coqueret du Pérou	Pak-choï	Tomate
Cucamelon	Pâquerette	Tulipe
Dendrobium	Pêcher et nectarinier	Verveine citronnelle
(orchidée)	Persil	Viola

Récolter

Calamondin ♂	Jeunes pousses ◔	Sauge ◔
Champignon	Kumquat ♂	Stévia ◔
Ciboulette ◔	Menthe ◔	Thym ◔
Citronnier	Oranger ♂	Tulipe ✳
et limettier ♂	Pâquerette ✳	Verveine
Dendrobium	Persil ◔	citronnelle ◔
(orchidée) ✳	Primevère ✳	Viola ✳
Graines germées ⚇	Romarin ◔	

AU DÉBUT DE L'ÉTÉ

Semer

Basilic	Jeunes pousses	Pak-choï
Carotte	Laitue	Persil
Ciboulette	Mizuna et mibuna	Radis
Graines germées	Oignon vert	Souci

Planter (jeunes plants et bulbes)

Aubergine	Figuier	Piment
Basilic	Fraisier	Poivron
Betterave	Goyave-ananas	Pousses d'ail
Calamondin	Kumquat	Radis
Capucine	Laitue	Romarin
Carotte	Lavande	Sauge
Ciboulette	Menthe	Souci
Citronnier et limettier	Mizuna et mibuna	Stévia
Concombre	Oignon vert	Thym
Coqueret du Pérou	Oranger	Tomate
Cucamelon	Pak-choï	Verveine
Dendrobium	Pêcher et nectarinier	citronnelle
(orchidée)	Persil	Viola

Récolter

Basilic ◐	Graines germées ✌	Radis ✳
Capucine ◐❄	Jeunes pousses ◐	Romarin ◐
Carotte ✳	Laitue ◐	Sauge ◐
Champignon	Menthe ◐	Stévia ◐
Ciboulette ◐	Mizuna et mibuna ◐	Thym ◐
Dendrobium	Oignon vert ◐	Tulipe ❄
(orchidée) ❄	Pak-choï ◐	Verveine citronnelle ◐
Fraisier ♂	Persil ◐	Viola ❄
	Pousses d'ail ◐	

DU MILIEU À LA FIN DE L'ÉTÉ

Semer

Graines germées	Laitue	Radis
Jeunes pousses	Pak-choï	

Planter (jeunes plants et bulbes)

Basilic	Laitue	Pousses d'ail
Calamondin	Lavande	Radis
Capucine	Menthe	Romarin
Ciboulette	Mizuna et mibuna	Sauge
Citronnier	Oignon vert	Souci
et limettier	Oranger	Stévia
Goyave-ananas	Pêcher et nectarinier	Thym
Kumquat	Persil	Verveine citronnelle

Récolter

Aubergine ♂	Goyave-ananas ♂	Piment ♂
Basilic ◐	Graines germées ✌	Poivron ♂
Betterave ✳	Jeunes pousses ◐	Pousses d'ail ◐
Capucine ◐❄	Laitue ◐	Radis ✳
Carotte ✳	Lavande ❄	Romarin ◐
Champignon	Menthe ◐	Sauge ◐
Ciboulette ◐	Mizuna et mibuna ◐	Souci ❄
Concombre ♂	Oignon vert ◐♂	Stévia ◐
Coqueret du Pérou ♂	Pak-choï ◐	Thym ◐
Cucamelon ♂	Pêcher	Tomate ♂
Figuier ♂	et nectarinier ♂	Verveine citronnelle ◐
Fraisier ♂	Persil ◐	Viola ❄

AUTOMNE

Semer

Graines germées
Jeunes pousses
Laitue
Mizuna et mibuna
Pak-choï
Viola

Planter

Calamondin
Citronnier et limettier
Goyave-ananas
Kumquat
Lavande
Oranger
Pêcher et nectarinier
Pousses d'ail
Romarin
Sauge
Stévia
Thym

Récolter

Aubergine ♂	Graines germées ✌
Basilic ◐	Jeunes pousses ◐
Betterave ✳	Laitue ◐
Capucine ◐❄	Menthe ◐
Carotte ✳	Mizuna et mibuna ◐
Champignon	Pak-choï ◐
Ciboulette ◐	Persil ◐
Concombre ♂	Piment ♂
Coqueret du Pérou ♂	Poivron ♂
Cucamelon ♂	Pousses d'ail ◐
Goyave-ananas ♂	Radis ✳
	Romarin ◐
	Sauge ◐
	Stévia ◐
	Thym ◐
	Tomate ♂
	Verveine citronnelle ◐
	Viola ❄

HIVER

Semer

Coqueret du Pérou
Graines germées
Jeunes pousses
Laitue
Mizuna et mibuna
Pak-choï
Viola

Planter

Calamondin
Citronnier et limettier
Goyave-ananas
Kumquat
Oranger
Pêcher et nectarinier
Romarin
Sauge
Thym

Récolter

Calamondin ♂
Champignon
Citronnier
et limettier ♂
Graines germées ✌
Jeunes pousses ◐
Kumquat ♂
Laitue ◐
Mizuna et mibuna ◐
Oranger ♂
Pak-choï ◐
Viola ❄

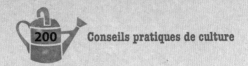

Choisir le **bon terreau**

Il existe une gamme de terreaux si large qu'il est parfois difficile de savoir lequel acheter. Vous trouverez ci-dessous une présentation des **différents terreaux** proposés en jardinerie ainsi que les **plantes auxquelles ils sont destinés**.

Les terreaux en sacs sont stérilisés pour éliminer ravageurs et graines de mauvaises herbes.

Terreau universel

Il existe des terreaux universels avec ou sans tourbe. Vous pouvez aussi acheter du terreau universel bio, préparé à partir de végétaux certifiés bio. La plupart sont composés de matériaux naturels, tels que de la fibre de coco, écorce ou fibre de bois compostée. Beaucoup sont également enrichis d'engrais qui nourrissent la plante pendant les premières semaines suivant la plantation.
Conseillé pour : cultures annuelles ne passant pas plus d'une saison en pot ; paniers suspendus.

Terreau semis et bouturage

Comme son nom le suggère, c'est le meilleur choix pour les semis. Sa texture plus fine que celle des autres terreaux favorise le contact des graines fines avec la terre et, donc, la germination. Il est très drainant et pauvre en nutriments (il ne convient pas aux plantes adultes). La plupart des terreaux semis et bouturage contiennent un mélange de tourbe, terre végétale, gravier fin et sable.
Conseillé pour : semis en pots et terrines ; bouturage ; repiquage des jeunes plantes.

Terreau à base de terre végétale

Ces terreaux contiennent de la terre végétale stérilisée – d'une structure similaire à celle de la terre de jardin. Ce type de terreau est idéal pour les plantes adultes et pérennes cultivées en pot, comme les arbres fruitiers ou les herbes vivaces. C'est un substrat assez lourd, car il contient auss du gravier fin et du sable. Beaucoup sont également enrichis en engrais.
Conseillé pour : cultures pérennes telles que celles des arbres et arbustes fruitiers, qui vont passer plus d'un an dans le même pot.

Il existe des terreaux spécifiques à certains groupes de plantes, comme les agrumes.

Autres matériaux

Vous trouverez dans le commerce toute une série d'autres produits intéressants pour vos plantes, comme les matériaux de paillage, qui aident à retenir l'humidité dans le terreau, le gravier et le sable, et améliorent le drainage en étant mélangés au substrat ou utilisés en couche au fond du pot.

Paillis ▶

Ces matériaux sont répandus à la surface du terreau pour l'empêcher de sécher trop vite et retenir l'humidité au niveau des racines. Ils peuvent être d'origine végétale, comme les écorces ou le compost, ou minérale – gravier, coquilles de coquillages concassées, verre pilé ou autres produits recyclés.

Certains paillis sont également décoratifs.

◀ Vermiculite et perlite

La vermiculite et la perlite sont des roches expansées par chauffage. Ces petits grains clairs et très légers sont capables d'absorber de l'eau, puis de la restituer progressivement. On les utilise mélangés au terreau ou pour couvrir les graines fines, ce qui permet de les maintenir à l'humidité sans les priver de lumière.

La perlite et la vermiculite libèrent l'eau dans le terreau.

Gravier et sable horticole ▶

Déposé au fond d'un cache-pot étanche, le gravier crée un puits dans lequel l'eau peut s'écouler, empêchant son accumulation au niveau des racines. Mélangé au terreau, le sable horticole améliore le drainage et favorise la croissance des plantes de sol sec, comme les herbes méditerranéennes.

Sable et gravier sont lavés et utilisables en culture d'intérieur.

Terre de bruyère

Ce terreau est conçu pour les plantes qui exigent un sol acide, comme les orangers, citronniers et limettiers. Il est formulé pour apporter aux plantes tous les nutriments dont elles ont besoin, mais il est préférable de le mélanger à du terreau universel (à gauche) pour les arbres et arbustes. Utilisez un engrais spécifique pour plantes de sol acide une fois que les engrais contenus dans la terre de bruyère sont épuisés.

Conseillé pour : citronnier, limettier, kumquat, calamondin et oranger.

Arroser et fertiliser des cultures d'intérieur

Des plantes saines et vigoureuses donnent des **récoltes** plus abondantes, d'où l'intérêt de les **arroser** et **fertiliser** correctement. Pour cela, il faut leur apporter les **quantités exactes d'eau** et d'**engrais** dont elles ont besoin. Les conseils qui suivent vous y aideront.

Comment bien arroser

Toutes les cultures ont besoin de la juste quantité d'eau pour produire de bonnes récoltes. À l'intérieur, le souci principal est de leur apporter beaucoup d'eau tout en évitant son accumulation dans le terreau, car l'humidité stagnante favorise la pourriture des tiges et l'apparition de maladies fongiques. Pour cela, utilisez des pots pourvus de trous de drainage (ou avec un réservoir intégré, voir ci-dessous) et posez-les sur une soucoupe ou dans un cache-pot étanche. Pour contrôler le degré d'humidité du terreau, observez la surface et enfoncez un doigt dedans sur environ 2 cm. S'il vous semble sec, arrosez légèrement. Si la surface est humide et brillante, les racines baignent sûrement dans l'eau. Videz l'eau en excès et attendez que la surface soit sèche avant d'arroser de nouveau.

Éviter l'eau stagnante
Certains pots intègrent une plate-forme en plastique qui crée un puits au fond et réduit le risque de stagnation de l'eau dans le terreau.

Prévenir les maladies
Évitez de mouiller les feuillages car cela favorise le développement des maladies fongiques telles que le botrytis et le mildiou (p. 209).

Pomme d'arrosoir
Utilisez une pomme d'arrosoir pour arroser les semis et jeunes plants sans risquer de les déloger ou déraciner par un jet d'eau.

Arrosage par le bas
Pour éviter de noyer une plante ou de gaspiller l'eau, vous pouvez aussi arroser dans la soucoupe. Le terreau l'absorbera progressivement par les trous de drainage et ne sera jamais détrempé en surface.

Une nourriture bien dosée

Les plantes ont besoin de différents minéraux pour avoir une croissance vigoureuse. Les plus importants sont l'azote (N), le potassium (K) et le phosphore (P). Chacun a un rôle à jouer. L'azote favorise la croissance du feuillage, le potassium stimule la floraison et la fructification et le phosphore soutient le développement des racines. Les engrais complets contiennent ces trois éléments en proportion équilibrée, ainsi qu'un certain nombre d'oligoéléments essentiels. Il existe aussi des engrais avec des teneurs plus élevées en azote ou en potassium.

Veillez à ne pas trop fertiliser vos plantes, car un excès d'engrais peut causer plus de dégâts qu'un apport insuffisant. Pour savoir si un engrais est biologique, regardez l'emballage.

Respectez le dosage indiqué sur l'emballage.

Préparer l'engrais
En règle générale, les engrais liquides ou en poudre doivent être dilués avant utilisation. Lisez attentivement les instructions figurant sur l'emballage et ne soyez pas tenté d'augmenter les doses.

Engrais pour cultures longues

Ajoutez des engrais à libération lente au moment de la plantation. Ils contiennent tous les nutriments nécessaires à la croissance. Utilisez-les pour les plantes qui restent plusieurs années en pot, comme les arbres fruitiers. Une fois ces plantes établies, remplacez tous les ans au printemps la couche superficielle du terreau par un mélange de terreau frais et d'engrais à libération lente.

Fertiliser les arbres fruitiers
Pour maintenir les arbres fruitiers en bonne santé, faites chaque année au début du printemps un apport d'engrais à libération lente, en suivant les instructions sur l'emballage.

Culture hydroponique

Sous serre, les producteurs utilisent parfois un mode de culture sans terre appelé hydroponie – culture dans l'eau. Pour l'ancrage des racines, le terreau ou le sol est remplacé par des matériaux tels que des coques de noix de coco ou de la pierre ponce. Cette technique implique une bonne connaissance des besoins spécifiques des plantes, car c'est le serriste qui leur apporte tout ce qui est nécessaire à leur croissance (les éléments naturellement présents dans la terre ou ajoutés aux terreaux du commerce). L'hydroponie implique souvent aussi un éclairage artificiel.

Si vous démarrez dans l'hydroponie, achetez un kit complet comprenant l'unité de culture, les graines, le substrat, les solutions nutritives et une lampe de culture. Vous passerez ensuite à des systèmes plus sophistiqués.

Lampe de culture

Entonnoir pour l'eau

Salades poussant dans une unité de culture hydroponique

Milieu de culture

Jauge de niveau d'eau

Semer

Le **choix de graines** pour cultures d'intérieur est plus **vaste** que celui des jeunes plants, d'où l'intérêt du semis. De **nombreuses plantes**, comme la **laitue**, le **concombre** et la **tomate**, **germent facilement**. Cette méthode donne vite de bons résultats.

Retirez les couvercles dès la levée pour éviter la fonte des semis (les germes pourrissent).

IL VOUS FAUT :

- terrines de semis avec couvercle ;
- terreau pour semis ;
- vermiculite ;
- contenant étanche ;
- étiquettes ;
- arrosoir avec pomme ;
- terreau universel ;
- pots en plastique.

1 Utilisez une terrine par culture (ne mélangez pas les variétés). Mettez les terrines dans un contenant étanche et remplissez-les de terreau pour semis presque jusqu'au bord.

2 Placez une terrine propre inutilisée sur la surface du terreau et appuyez doucement afin d'obtenir une surface nivelée. Tassez le terreau dans les coins avec les doigts.

3 Arrosez légèrement le terreau à l'aide d'un arrosoir muni d'une pomme fine. Ouvrez le paquet de graines et semez-les en rangs et à intervalles réguliers.

4 Suivant les instructions du paquet, couvrez les graines avec une couche de l'épaisseur requise, soit de terreau, soit de vermiculite – celle-ci maintient l'humidité au niveau des graines tout en laissant passer la lumière. Étiquetez chaque terrine.

La vermiculite est idéale pour les graines qui germent à la lumière.

Soulevez les plantules par les petites feuilles rondes qui apparaissent avant les vraies feuilles.

5 Couvrez les terrines et mettez-les dans un endroit chaud et lumineux. (Certaines graines lèvent plus vite dans une mini-serre chauffée.) Pour arroser, versez l'eau dans le contenant étanche. Le terreau va l'absorber. Quand vous le voyez devenir humide en surface, jetez l'eau en excès.

6 Le terreau doit rester humide, mais pas détrempé. Lorsque les plantules sortent, retirez les couvercles pour éviter les maladies. Quand elles ont deux ou trois paires de feuilles, repiquez-les dans des petits pots remplis de terreau pour semis ou universel. Soulevez-les avec une fourchette.

7 Les plantules comme le mizuna (ci-dessus) peuvent être repiquées assez serrées dans un premier temps – trois ou quatre plantules par pot de 9 cm de diamètre. Enterrez la base de la tige et tassez doucement le terreau.

8 Arrosez régulièrement et laissez pousser pendant quelques semaines dans un endroit lumineux jusqu'à ce qu'elles soient bonnes à récolter. Si vous voulez poursuivre la culture, rempotez-les dans un contenant plus grand.

Semis en pots

Pour éviter le repiquage, semez les graines dans des pots de 9 cm de diamètre. Cette méthode est aussi préférable pour les grosses graines, comme les concombres, ou si vous n'avez besoin que de quelques plants, comme c'est le cas avec les tomates ou les poivrons.

Semis
Semez 1 à 3 graines par pot et couvrez-les de terreau ou de vermiculite à la profondeur indiquée sur le paquet. Étiquetez.

Repiquage
Si vous obtenez plus d'une plantule, repiquez-les dans des pots individuels (étapes 6-7). Rempotez-les ensuite au fur et à mesure de leur croissance.

Tailler et polliniser les plantes fruitières

Pour assurer la **productivité** des plantes fruitières, il faut les **tailler** de temps en temps. Vous devrez aussi polliniser vous-même les espèces non autofertiles poussant à l'intérieur.

Pourquoi tailler ?

La taille des arbres fruitiers a plusieurs fonctions. Elle permet d'éliminer les rameaux morts ou malades – à supprimer rapidement –, et de rajeunir la plante en l'encourageant à produire de nouvelles pousses. Si vous taillez l'extrémité des tiges, la plante va se ramifier, devenir plus touffue et produire plus de fruits. Vous pouvez aussi tailler une plante pour supprimer des tiges encombrantes ou mal orientées, rééquilibrer sa silhouette et assurer que les fruits en cours de maturation reçoivent tous une quantité de lumière suffisante.

Utilisez un outil affûté et taillez juste au-dessus d'un bourgeon ou d'une feuille.

Raccourcir les tiges

Coupez les longues tiges des arbres tels que le combava pour équilibrer la silhouette et encourager la formation de rameaux secondaires fructifères.

Comment tailler

Utilisez un sécateur affûté et faites une coupe nette juste au-dessus d'une feuille, d'un bourgeon ou du point d'insertion d'un rameau sur la tige principale. Vous pouvez aussi couper la tige entière à la base de la plante. Utilisez une scie ou un coupe-branche pour les tiges de plus de 1 cm d'épaisseur – portez des gants de protection. Vous trouverez des indications spécifiques pour chaque plante dans le chapitre 5.

La suppression du bourgeon terminal favorise la ramification.

Coupez juste au-dessus d'un bourgeon, d'une feuille ou d'une tige latérale.

Taille de nettoyage

Coupez les tiges mortes, malades ou mal orientées pouvant affecter la santé ou silhouette de la plante.

Taille de formation

Certains arbres fruitiers peuvent être taillés en gobelet. Outre son aspect attrayant, cette forme évasée permet d'augmenter la production de fruits, tout en assurant un éclairement maximal des tiges. La taille de formation se pratique sur des arbres jeunes, aux branches souples. Au printemps, supprimez les tiges qui risquent de déparer la silhouette, ainsi que les rejets qui apparaissent à la base de l'arbre. Attachez l'une des extrémités d'une ficelle à une jeune tige latérale et enroulez l'autre autour d'un galet. Répétez l'opération avec d'autres tiges. Le poids des galets va les maintenir vers le bas. Laissez les galets en place pendant une ou deux saisons, le temps que les tiges se lignifient. Lorsque vous couperez la ficelle, elles garderont cette position. Pour la taille annuelle, reportez-vous à la p. 189.

Veillez à ce que la ficelle ne cisaille pas la tige.

Former un figuier en gobelet
Au printemps, attachez les tiges latérales à des galets pour les inciter à pousser à l'horizontale et donner une silhouette évasée.

Pollinisation

La plupart des fleurs peuvent se transformer en fruits, mais beaucoup ont besoin d'être pollinisées pour y parvenir. Utilisez la technique décrite ci-dessous pour encourager la pollinisation et la production de fruits. Certaines plantes, comme le coqueret du Pérou et le figuier, sont autofertiles. Le pollen est transféré sur le stigmate (organe femelle) de la même fleur et les fruits se forment donc sans aucune aide extérieure.

Utiliser un pinceau

Pour les plantes ci-dessous, le pollen d'une fleur doit être transféré sur le stigmate d'une autre fleur. En intérieur, vous devez assurer le travail des insectes.

- agrumes
- fraisier
- goyave-ananas
- cucamelon
- concombre
- aubergine
- pêcher
- nectarinier

À l'aide d'un pinceau souple et propre, effleurez chaque fleur l'une après l'autre. Répétez l'opération deux ou trois fois par semaine pour être sûr d'avoir bien pollinisé toutes les fleurs.

Secouer ou vaporiser

Pour inciter les plantes autofertiles à produire plus de fruits, secouez doucement les tiges pour faire tomber le pollen ou vaporisez les fleurs avec de l'eau deux ou trois fois par semaine. Essayez cette technique avec les plantes suivantes :

- coqueret du Pérou
- tomate
- poivron et piment

La fleur donne un fruit après la fécondation.

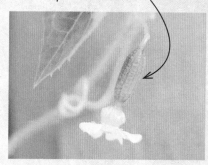

Fleur de cucamelon et futur fruit

Les agrumes doivent être pollinisés manuellement.

Pollinisation manuelle d'une fleur d'agrume

Vaporisation d'une fleur de poivron

Maladies et ravageurs

Les cultures d'intérieur ont l'avantage d'être plus faciles à **protéger des ravageurs volants et rampants** et de certaines **maladies**. Restez sur vos gardes, car quelques problèmes peuvent quand même survenir.

Si les insectes prédateurs des ravageurs sont précieux au jardin, ils peuvent devenir une nuisance à l'intérieur.

Actions préventives

Les plantes résistent mieux aux ravageurs et aux maladies si elles sont en bonne santé. Pour éviter les contaminations, lavez tous les pots et contenants au savon et à l'eau chaude avant la plantation et utilisez du terreau frais pour chaque projet – achetez-le en petits sacs pour éviter qu'il ne traîne trop longtemps. Arrosez les plantes comme il faut et fertilisez-les régulièrement, en respectant le bon dosage.

Carences et troubles physiologiques

Les signes de mauvaise santé ne sont pas tous dus à des ravageurs ou des maladies. Certains sont provoqués par le manque d'eau, d'autres par des carences en nutriments. Toutefois, la plupart se résolvent facilement.

NÉCROSE APICALE
Dû à une carence en calcium, ce problème touche les tomates insuffisamment arrosées – le calcium doit être dissous dans l'eau pour être absorbé. Supprimez les fruits atteints et arrosez bien les plantes.

Tomates atteintes de nécrose apicale

Arrosage régulier
Arrosez vos plantes régulièrement pour les maintenir en bonne santé et améliorer leur résistance aux maladies.

CHLOROSE
Le jaunissement du limbe entre les nervures est souvent le signe d'une carence en fer ou en azote. Appliquez un engrais pour plantes vertes ou, pour les agrumes, un engrais pour plantes de sol acide – il fera disparaître la décoloration.

ÉCLATEMENT DES FRUITS
Les tomates et poivrons ont tendance à se fendre quand les plantes ne sont pas arrosées régulièrement – mais ils restent consommables. Maintenez un degré d'humidité constant dans le terreau – ne le laissez pas sécher et ne le gorgez pas d'eau.

Identifier les ravageurs et maladies

Si vous ne souhaitez pas recourir aux pesticides, inspectez vos plantes régulièrement
pour détecter tout signe indiquant une attaque de ravageurs ou une infection,
car celles-ci seront d'autant plus faciles à maîtriser qu'elles sont repérées tôt.

*La moisissure grise indique
une attaque de botrytis.*

BOTRYTIS

Le botrytis (ou pourriture grise) est commun
sur les fruits et légumes cultivés en atmosphère
humide. Une moisissure grise se développe sur
les bourgeons, feuilles, fleurs ou fruits. Agissez
préventivement en supprimant les organes
atteints. Faites circuler l'air en ouvrant les
fenêtres ou en actionnant un ventilateur.
Ne plantez pas trop densément.

COCHENILLES FARINEUSES

Ces petits ravageurs suceurs de sève attaquent
les agrumes et pêchers. Semblables à de
minuscules cloportes, ils sécrètent une cire
cotonneuse blanche et une substance sucrée,
le miellat, qui favorise le développement d'une
maladie fongique appelée fumagine. Coupez et
jetez les parties atteintes. La lutte biologique
est possible, mais peu adaptée en intérieur.

MILDIOU

Cette maladie provoque chez les laitues
et certaines plantes à fleurs l'apparition
d'une moisissure blanche, grise ou pourpre sous
les feuilles. Transmise par l'air, elle est favorisée
par un terreau humide. Coupez et jetez les
parties atteintes, veillez à ne pas détremper
le terreau, ne mouillez pas le feuillage et
augmentez la ventilation dans la pièce.

*Dès que vous
trouvez un adulte,
détruisez-le.*

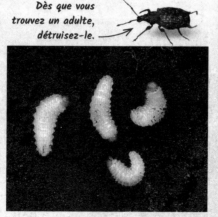

MOUCHES BLANCHES

Ces petites mouches, appelées aussi
aleurodes, sucent la sève des plantes et
sécrètent une substance sucrée, le miellat,
qui favorise le développement d'une maladie
fongique, la fumagine. Capturez-les avec un
piège englué ou utilisez un insecticide bio.
Si vous avez un balcon, mettez les plantes
dehors et laissez agir les prédateurs naturels.

OTIORHYNQUES

Les larves de ce charançon d'environ 9 mm
de long se nourrissent des racines des plantes,
qui s'affaissent parfois brutalement.
La contamination se fait souvent par des plants
du commerce hébergeant des adultes. Inspectez
vos achats et détruisez les insectes que vous
pouvez trouver. La lutte biologique est possible,
mais pas toujours applicable à l'intérieur.

LIMACES ET ESCARGOTS

Ces mollusques peuvent s'attaquer aux plantes
qui poussent sur les balcons et appuis de
fenêtre. Soulevez les pots et jardinières pendant
la journée et débarrassez-vous des limaces qui
ont pu s'y réfugier. Essayez la méthode
de la bande de cuivre que l'on pose autour
du contenant – le métal provoque une légère
décharge électrique qui fait fuir ces ravageurs.

Conserver les récoltes

Il est probable que vos cultures ne vous donnent pas de surplus de récolte et que vous privilégiez la consommation en frais. Toutefois, vous trouverez ici des **idées** et **recettes** pour profiter de certains de vos produits **bien après leur récolte**.

Pour faire sécher les piments à l'air, suspendez-les enfilés sur une ficelle.

Choisir une méthode

Ces techniques de conservation permettent de prolonger de plusieurs mois la vie de vos produits, tout en préservant parfums et couleurs. La propreté des plans de travail et ustensiles est impérative pour une parfaite conservation.

Cuisson

Vous pouvez transformer la plupart des fruits, légumes et racines (comme la betterave) présentés dans ce livre en confitures ou chutneys (voir page ci-contre). Cherchez des recettes de confiture sur Internet – en général, on laisse cuire un mélange à poids égal de fruits et de sucre jusqu'au point de gélification. Veillez à stériliser pots et couvercles, et fermez hermétiquement.

Congélation

Cette méthode est rapide et pratique (voir la recette ci-contre). Congelez des herbes ou fleurs dans des cubes de glace – vous pourrez les ajouter dans le plat que vous préparez ou dans une boisson. Mettez dans chaque compartiment d'un bac à glaçons des herbes ciselées ou une fleur, complétez avec de l'eau jusqu'au bord et placez au congélateur. Consommez dans les deux mois.

Séchage

Faites sécher les piments au soleil ou suspendus dans un endroit chaud et ventilé pendant deux semaines. Coupez les tomates en deux, ôtez les graines, badigeonnez d'huile d'olive, couvrez de mousseline et laissez sécher au soleil pendant deux à quatre jours ou au four à 120 °C (th. 4) pendant deux à trois heures. Placez-les dans un bocal, recouvrez d'huile d'olive et fermez hermétiquement.

La confiture plisse quand elle atteint le point de gélification.

Posez les demi-tomates sur une grille.

Faire de la confiture

Pour vérifier la cuisson, déposez une cuillerée de jus sur une assiette froide et laissez refroidir un peu. Si la confiture plisse, elle est gélifiée et prête pour la mise en pots.

Conserver les herbes

La méthode ci-dessus est idéale pour conserver les herbes. Une fois la glace prise, transférez les glaçons dans un sac de congélation, datez et réservez au congélateur.

Tomates séchées au four

Faites une incision en croix dans chaque demi-tomate pour exposer un maximum de chair, salez légèrement, posez-les à l'envers sur une grille et enfournez.

Côté cuisine

Pickles surgelés

Cette recette facile et rapide permet de garder le croquant des concombres. Utilisez ces pickles comme condiment ou pour garnir salades et sandwichs. Ils se conservent six mois au congélateur. Pour les décongeler, placez-les au réfrigérateur une nuit et consommez-les dans la semaine.

Ingrédients
2 gros concombres finement tranchés
1 oignon ou 2 échalotes finement émincés
2 cuill. à café de sel
12 cl (environ) de vinaigre de vin ou de cidre
30 à 60 g de sucre en poudre
¼ de cuill. à café de graines de céleri ou d'aneth
¼ de cuill. à café de curcuma
1 cuill. à café de graines de moutarde
¼ de cuill. à café de piment en poudre (facultatif)

1 Mettez les tranches de concombre dans un saladier avec l'oignon ou les échalotes et saupoudrez de sel. Mélangez bien et laissez reposer 2 heures.

2 Transférez les légumes dans une passoire et rincez à l'eau froide. Pressez légèrement les légumes pour en extraire un maximum d'eau. Transférez dans un saladier propre et sec.

3 Mélangez le vinaigre et le sucre selon votre goût, puis ajoutez les épices. Versez le liquide sur les légumes, mélangez bien, couvrez et laissez reposer une nuit au réfrigérateur.

4 Mettez les pickles dans des boîtes de congélation, en les remplissant jusqu'à 1 cm du bord, fermez et datez. Consommez dans les six mois.

Chutney de tomates, poivrons et piments

La tomate rouge – et verte – est un ingrédient idéal pour préparer des chutneys. Si vous les mettez dans des bocaux stérilisés, ils se garderont neuf mois. Pour stériliser les bocaux, lavez-les à l'eau très chaude ou passez-les au lave-vaisselle avec un cycle à haute température, puis laissez-les égoutter et mettez-les au four à 140 °C (th. 4-5) pendant 15 minutes.

Ingrédients
2 poivrons rouges
700 g de tomates mûres
1 oignon émincé
1 ou 2 piments rouges frais (facultatif)
225 g de sucre en poudre
30 cl de vinaigre de vin blanc

1 Préchauffez le four à 200 °C (th. 6-7). Posez les poivrons sur une plaque et laissez cuire pendant 30 minutes jusqu'à ce qu'ils commencent légèrement à carboniser. Sortez-les du four, mettez-les dans un sac en plastique et laissez refroidir. Ôtez les pédoncules et la peau, puis découpez la chair en morceaux.

2 Plongez les tomates dans de l'eau bouillante pendant 1 minute, puis pelez-les et épépinez-les.

3 Mettez les tomates, les poivrons, l'oignon et le piment dans un mixeur. Mixez brièvement de manière à obtenir de fins morceaux mais pas une purée – ou coupez-les à la main. Transférez le mélange dans une grande casserole en inox ou une bassine à confiture, puis ajoutez le sucre et le vinaigre.

4 Faites chauffer le mélange à feu doux sans cesser de remuer avec une cuillère en bois jusqu'à dissolution complète du sucre. Augmentez le feu, portez à ébullition, puis baissez et laissez frémir 1 heure à 1 h 30, en remuant de temps en temps, jusqu'à ce que le mélange épaississe. Surveillez le feu – il est parfois nécessaire de l'augmenter un peu en fin de cuisson – et remuez constamment pour éviter que le chutney n'attache.

5 Transférez le chutney dans les bocaux. Fermez-les avec les couvercles, étiquetez-les, puis stockez-les dans un local frais et obscur pendant un mois pour permettre aux saveurs de se mélanger. Conservez les bocaux au réfrigérateur après ouverture.

Liens utiles

JARDINERIES, MATÉRIEL DE JARDIN ET DÉCORATION

Les jardineries Truffaut
www.truffaut.com

Jardiland
www.jardiland.com

Botanic
www.botanic.com

Gamm vert
www.gammvert.fr

Magasin vert
www.magasin-point-vert.fr

Ikea
www.ikea.com/fr/

PÉPINIÉRISTES

Pépinières Huchet
Tél. : 02 99 96 97 31
www.pepinieres-huchet.com

Jardinerie Delbard
Tél. : 05 56 25 01 18
www.delbard.fr

Jardinerie Jacques Briant
Tél. : 02 41 18 25 25
www.jacques-briant.fr/

SEMENCIERS

Graines Baumaux
Tél. : 03 29 43 00 00
www.graines-baumaux.fr

Ferme de Sainte Marthe
Tél. : 02 41 44 11 77
www.fermedesaintemarthe.com

Les graines de France
www.lesgrainesdefrance.com

Biau germe
Tél. : 05 53 95 95 04
www.biaugerme.com

RÉPERTOIRE DE PÉPINIÉRISTES ET HORTICULTEURS

Jardinez.com
www.jardinez.com/pepinieres_pepinieristes_horticulteurs_France_fr

Horticulteurs et pépiniéristes de France
www.horticulteurs-pepinieristes.lesartisansduvegetal.com

POUR LA CULTURE HYDROPONIQUE

Le petit hydroculteur
www.culture-hydroponique.com

Index

Les entrées en italiques donnent les noms scientifiques des plantes ou groupes de plantes, par exemple *Allium*. Le genre est en abrégé si plusieurs variétés sont répertoriées, par exemple *A. cepa* et autres.

À propos de l'auteure

Journaliste spécialisée en horticulture, Zia Allaway est l'auteure de nombreux livres de jardinage. Elle a également travaillé avec le paysagiste Diarmuid Gavin sur deux de ses ouvrages et contribué à une encyclopédie sur l'art paysager. Elle tient une rubrique mensuelle dans *Homes and Gardens Magazine* et rédige occasionnellement des articles pour la revue *Garden Design Journal*. Elle propose une prestation de conseils en jardinage chez elle, dans le Hertfordshire, et organise des ateliers pour débutants. Elle possède un petit jardin qu'elle ouvre au public par l'intermédiaire d'un organisme caritatif britannique, The National Gardens Scheme.

Remerciements

Je tiens à remercier toute l'équipe de DK qui s'est investie dans cet ouvrage, en particulier l'éditrice Susannah Steel pour sa patience et son soutien rédactionnel, Sonia Moore, qui a fait un grand travail de recherches sur les plantes et accessoires et géré la mise en culture de nombreuses espèces, ainsi que le photographe Will Heap qui a parcouru tant de kilomètres pour faire ces beaux clichés.

Merci aussi à Angela Wilkes, à la rédactrice en chef Dawn Henderson pour son regard critique, à Alice Horne, aux designers Alison Gardner, Rehan Abdul et Nicola Erdpresser, qui ont fait de ce livre un ouvrage extraordinaire, à Sarah Zadoorian pour la relecture et à Vanessa Bird pour l'index.

Je remercie particulièrement Sally Harwood, des pépinières Finchley Nurseries, qui a patiemment mis en œuvre et suivi une grande partie des projets avec l'aide du propriétaire George Coleman, ainsi que Sheila Clements et l'équipe de The Shaw Trust, qui se sont occupés de certains de nos projets.

Je remercie aussi Stephen et Serena Shirley, des Victoriana Nurseries, pour les images et conseils ; Aylette Nurseries pour le prêt de plantes et accessoires, avec une mention particulière pour Kathy Sanger ; Alexander Storch pour son aide dans les projets ; Alex Georgiou de l'Espresso Mushroom Company pour son aide, ses conseils et ses kits à pleurotes ; Smithy's Mushrooms pour les produits qu'ils nous ont fournis ; Elho pour leurs pots colorés ; Ryan Bailey et l'équipe du Squires Garden Centre pour le prêt de plantes et contenants ; Kezia de Conpot pour le prêt de pots en béton ; Habitat pour le prêt de contenants ; et Suttons Seeds pour leurs graines et plantes.

Nous sommes également redevables à Katie Khakpour-Smith, Susie Davidson, Rosslyn Perkins et Caroline Day-Lewis, qui nous ont prêté leur maison, et à Light Locations. Merci aussi à Max Moore pour le transport et pour ses mains, qui apparaissent dans la plupart des projets.

Enfin, j'adresse un grand merci à mon mari Brian North pour la patience et le soutien qu'il m'a témoignés et à ma fille Montana Allaway, qui m'a assistée pour les prises de vue.

AVERTISSEMENT

La stévia (p. 49) est utilisée dans de nombreux pays pour sucrer certains aliments. La législation européenne n'a pas encore approuvé son utilisation en tant qu'herbe culinaire, mais rien ne vous empêche de la cultiver comme plante d'ornement.